앤드류 머레이

기도 응답의 축복

진 정 한 • 영 적 • 성 장 과 • 성 숙 의 • 원 리

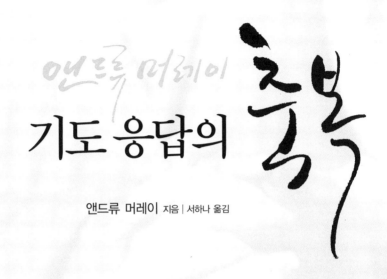

기도 응답의 축복

앤드류 머레이 **지음** | 서하나 옮김

The Believer's Prayer Life
by Andrew Murray

베다니서원

독자들이 내가 이 책을 집필하게 된 이유와 목적을 안다면 그 가르침을 이해하는 데 더 도움이 되리라고 본다. 이 책은 1912년 4월 11일부터 14일까지 남아프리카 스텔렌보스에서 열린 한 목회자 컨퍼런스에서부터 시작된다. 당시 네덜란드 개혁신학교의 드 보스 교수가 교회의 목회자들에게 교회 전반적으로 흐르고 있던 낮은 수준의 영성에 관해 서신을 써 보냈다. 이는 여타 교회도 얼마나 더 광범위하게 그런 상황에 처해 있는지를 생각하게 만들었다. 이 「교회의 상태」라는 책에서 영적인 능력의 결핍에 관해 기술된 이 글은 깊은 성찰을 요구했다. 그는 그 내용이 사실이라고 생각했던 것이다.

그는 우리가 함께 모여 하나님의 임재 안에서 이 악의 원인을 찾아내자고 제안했다. 그는 이렇게 말했다. "우리가 모든 충실함의 조건을 연구한다면 우리의 불신앙과 죄가 영적인 능력이 결핍되는 원인임을 인정하게 될 것이다. 이 상태는 하나님 앞에서 하나의 죄요 범죄 행위이며 곧 하나님의 성령을 근심하게 할 뿐이다."

그의 제안은 강렬한 반응을 일으켰다. 4명의 신학 교수들과 200명이 넘는 목회자, 신학생들은 위의 글을 이 모임의 주제로 받아들였다. 바로 이 최초의 메시지로부터 회개와 회복에 이르는 유일한 길인 참회의 물결이 흘렀다. 이후에 무엇이 교회의 생명력을 이토록 약화시키는 죄가 될 수 있는지를 간증하는 기회가 주어졌다. 몇 사람은 다른 목회자들에게서 보았던 행위, 교리, 혹은 예배의 실패를 언급했다. 그러나 곧 이것이 옳지 않음을 깨닫게 되었다. 무엇보다 각자 자신이 죄를 범했음을 인정해야 했던 것이다.

주님은 우리를 점차 그 죄악의 가장 깊은 뿌리가 기도하지 않은 죄라는 것을 깨닫도록 이끌어 가셨다. 누구도 그 죄로부터 자유롭다고 주장하지 못했다. 목회자든 일반 성도든 믿음과 끊임없는 기도의 결핍만큼 불완전한 영적 생활을 드러내는 것은 없다. 기도는 영적 생활의 동력이다. 기도는 목회자와 성도들에게 하늘의 축복과 능력을 가져다주는 중대한 수단이다. 끈기 있고 믿음 있는 기도는 강력하고 풍성한 삶을 의미한다. 회개의 영이 가득 임했을 때

"기도 생활에 장애가 있던 지난날에도 우리가 승리를 얻을 수 있었을까?"라는 의문이 생겨났다.

이전에도 작은 집회가 여러 번 있었고, 거기서 많은 사람들이 새로운 출발을 갈망했지만, 그들이 하나님의 말씀만큼이나 중요하다고 여기는 기도 생활을 유지할 수 있을지는 여전히 확신하지 못했다. 그들은 종종 시도했지만 실패했다. 그들은 주님께 주님처럼 살고 기도하겠노라고 감히 약속하지 못했다. 불가능하다고 여겼던 것이다. 이러한 고백을 통해 점차적으로 새로운 기도 생활을 가능케 하는 유일한 힘은 우리의 고마우신 구주와 완전히 새로운 관계 속에서 발견될 수 있다는 진리에 이르렀다.

주님 안에서 우리를 죄(기도하지 않은 죄를 포함해)에서 구원하신 하나님을 볼 때 우리는 그분의 더욱 친밀한 삶을 갈망하는 믿음에 이르게 된다. 그러면 그분과의 사랑과 사귐으로 인해 기도는 우리의 영적 생활의 자연스러운 표현으로 나타나게 될 것이다. 이 모임이 마치기 전에 많은 사람들이 예수 그리스도 안에서 새로운 빛과 희망을 발견하고 새로운 기도 생활을 위한 힘을 얻었다고 간증했다.

하지만 많은 이들은 이것이 시작에 불과하다는 것을 깨달았다. 오랫동안 기도의 자리를 점령하고 있던 사탄은 우리를 이 세상과

육체의 정욕으로 돌아가게 하려고 가능한 최고의 노력을 재개했
다. 그리스도의 가르침과 교제만이 우리로 여전히 믿음에 서 있게
할 수 있는 유일한 힘이었다.

나는 컨퍼런스에 참석했던 사람들에게 그 모임에서 깨달았던 바
를 상기시키고 목회의 성공에 너무나도 중요한 기도 생활을 새롭
게 하는 데 어떤 노력들이 도움이 되었는지를 생각나게 하기 위해,
그때 다루었던 진리들을 진술할 필요를 느꼈다. 또한 그 회의에 참
석하지 못했던 사람들과 교회의 장로들을 위해서도 필요했다. 그
들 중 상당수는 교회의 목회자들이 참석했던 모임의 목적을 듣는
것에 깊은 관심을 나타냈다.

이 책의 초기 사본들은 만약 교회의 지도자와 목회자, 장로들이
영적인 일을 하는 데 있어서 모든 것이 기도에 달려 있다는 것과 하
나님이 직접 그분을 섬기는 사람들을 도우심을 깨닫는다면 분명히
교회에 희망의 날이 올 것이라는 생각으로 보급되었다. 그리고 기
도를 더 많이 하고, 더 잘하기를 원하는 모든 사람들을 위해 개인적
인 기도의 자리에 임하는 하나님의 영광과 그 영광이 영혼에 머무
를 수 있게 하는 방법이 시사되었다.

처음으로 이 책을 영어로 번역하라는 요청이 들어왔을 때 나는
집필이 너무 급하게 이루어졌으며, 앞서 말한 모임에 직접 참여한

관계로 어조가 지나치게 구어체여서 바람직하지 않다고 생각했다. 또한 나의 부족한 능력으로 이 글을 다시 쓴다는 것이 불가능하다고 생각되었다. 그러나 내 친구인 W. M. 더글라스 목사가 이 글을 영어로 번역할 수 있도록 허락을 구했을 때, 나는 동의할 수밖에 없었다. 하나님이 이 책을 통해 그분의 종 누구에게든 하실 말씀이 계시다면, 나는 그분이 앞으로 다른 교회에서 행하실 일들의 한 가지 제안으로서 여기에서 우리의 교회를 위해 행하신 일들을 말할 수 있음을 특권으로 받아들이겠다.

끝으로 이 글을 읽게 될 모든 복음의 사역자들과 교회의 구성원들에게 나의 인사를 전하려고 한다. 하나님의 은혜가 우리 가운데 분명히 역사하셔서 죄를 자각시키시고, 우리의 깊은 필요와 연약함을 고백하게 하시며, 예수 그리스도가 그분을 믿는 자들을 위해 하실 일들에 관한 비전과 믿음을 주실 것이다. 또한 주님이 이 책을 읽는 사람들이 믿음의 형제를 찾아가 상담하며, 그리스도인에게 가장 필요한 기도를 통해 하나님과 충만한 교제를 구하고 얻을 수 있는 용기를 주시기를 간절히 기도한다.

이런 말이 있다. "기도하지 않는 자들은 자신의 기도하지 않음을 회개하기에는 너무나 거만하다." 많은 심령들이 일치되어 전심으로 부족함을 고백함으로 하나님의 은혜로 돌아서서 하나님이 기도

의 응답으로 이루실 일들을 경험하는 유일하지만 확실한 길로 초
대하는 그 부르심을 기다리고 있음을 믿자.

한 가지 더 나는 우리 교회에서 열렸던 오순절 기도 모임에 관해
언급하고자 한다. 이 기도 모임은 우리의 사역에 매우 흥미롭고도
중요한 위치를 차지했다. 1858년부터 미국과 아일랜드에서 대 부
흥 운동이 있던 시점에 우리 교회의 원로 목사 몇 분이 교회에 하나
님이 우리에게도 부흥을 주시기를 기도하자고 촉구하는 문서를 발
행했다.

그 결과 1860년, 여러 교구에서 부흥이 일어났다. 1861년 4월에
는 가장 오래된 교구 중 하나인 팔에서 매우 깊은 관심을 나타냈다.
보통은 주일에 꼭 한 번 설교했던 그곳의 목사는 성령강림절 전 한
주 동안 오후마다 교회에서 공식 기도 모임이 있을 예정이라고 광
고했다. 이런 일은 매우 드물었는데 많은 사람들이 이에 깊은 감동
을 받았다. 그 목사는 예수님의 승천과 성령강림절 사이의 열흘 동
안 날마다 기도 모임이 지켜져야 한다고 제안했다.

이 일은 그 이듬해에도 일어났다. 그들이 받았던 축복으로 인해
이웃의 모든 교구도 그 아이디어를 채택해 그 후 50년 동안 그 열
흘 간의 기도가 우리의 모든 교회에서 준수되고 있다. 그 결과 우리
전 교회의 그리스도인들은 하나님의 말씀이 성령과 관련해 어떻게

가르치고 있는지를 올바르게 교육 받았으며, 그분의 축복된 인도하심을 구하는 데 힘쓰고 따르고자 했다.

그 열흘 간의 기도 모임은 종종 불신자들을 위해서나 부흥이 완전하지 않을 때 특별히 더욱 진력했다. 기도는 사역자들이나 회중들이 믿는 자들의 마음속에 영혼을 다스리고, 또 하나님 나라를 섬기는 성스러운 일을 가능하게 하도록 성령이 거하시는 자리를 인정하게 이끄는 말할 수 없는 축복의 수단이 되었다. 여전히 성령의 권능과 그 완전한 지식을 다 이해하기에는 많이 부족하지만 성령이 일하게 하시기 위해 하나님이 이 특별한 기도의 시간 동안 우리를 통해 역사하신 일들에 충분히 감사하지 않을 수 없다.

이 땅의 모든 사람들이 이를 깨닫고 기뻐하며, 자신의 삶의 영역에서도 같은 순종으로 화합할 것이라고 생각하며 이 글을 마친다.

앤드류 머레이

2부 골방 기도

3부 오순절의 깊은 비밀

1부 기도 생활

01

기도하지 않는 죄

기도하지 않는 것은 그리스도인의 영혼에 거하시는
하나님의 생명이 치명적으로 위험하거나 병들었음을 입증한다.

회개하는 마음을 통해 죄의 비참함을 느낀다면 모든 사람들이
자신의 죄를 낱낱이 고백하지 않을 수 없을 것이다. 죄의 고백은 철
저히 개인적이어야 한다. 우리 각자가 스스로 '유죄'임을 고백해야
한다. 그 어떤 죄도 기도하지 않는 죄보다 더 큰 수치가 될 수 없다.

기도하지 않는 것이 이토록 큰 죄인 까닭은 무엇인가? 사실 죄는
처음에는 단순히 약점처럼 보인다. 시간이 없다거나 온갖 형태의
방해 때문이라는 말을 자주 듣다 보면 상황의 심각성이 희석되기
도 한다. 하지만 기도하지 않는 것은 분명 죄이다. 이제 그 이유를
살펴보자.

첫째, 하나님 앞에 가장 큰 치욕이다.

거룩하고 영광스러운 하나님은 우리를 그분께 오라고 하시며, 그분과 함께 교제하고, 모든 필요를 구하라고 하신다. 그분과 사귐으로써 경험할 수 있는 깊은 축복의 자리로 초대하신다. 하나님은 우리를 그분의 형상대로 창조하셨으며, 그분의 독생자를 통해 구원하사 그분과 교제를 통해 우리가 최상의 영광과 구원을 누리게 하셨다. 우리가 이런 천상의 특권을 누릴 수 있는 이유가 무엇인가? 바로 기도 때문이다.

그럼에도 불구하고 기도에 겨우 5분만 할애하는 사람들이 얼마나 많은가! 우리는 시간이 없다고 말한다. 솔직히 기도의 열정이 부족한 것이다. 우리는 하나님과 채 30분도 함께 보낼 줄 모른다. 전혀 기도하지 않는다는 말이 아니다. 매일 기도한다. 그러나 기도의 기쁨을 모른 채 그저 하나님이 자신의 전부라는 표시로 생색만 낼 뿐이다.

우리는 친구가 방문하면 함께 많은 시간을 보낼 것이다. 희생을 감수하고라도 시간을 내서 교제의 즐거움을 맛볼 것이다. 그렇다. 우리는 무엇이든 자신이 관심 있는 것에는 무슨 수를 써서라도 시간을 내지만 하나님과 교제하고 그분과 함께 있는 즐거움을 누릴 시간은 없다. 자신에게 유익이 되는 사람들을 찾는 데는 시간을 내지만 하루가 지나고 한 달이 흘러도 하나님과 한 시간도 보낼 여유가 없다.

이제 당신의 양심이 감히 하나님과 교제할 시간을 낼 수 없다고 말하면서 그분을 멸시하고 욕되게 한 죄를 인정하기 시작하는가? 그 죄가 명백하게 느껴진다면 수치심을 느끼며 "나에게 화가 있으리로다. 나는 망하게 되었도다. 오, 하나님! 나에게 자비를 베푸셔서 기도하지 않은 이 끔찍한 죄를 용서하소서"라고 울부짖어야 할 것이다.

둘째, 영적 생활이 피폐해지는 원인이다.

기도하지 않는 현상은 우리의 인생이 여전히 '육체'의 소욕 아래에 있다는 증거이다. 기도는 생명의 맥박이다. 즉, 기도하지 않는 죄는 그리스도인의 영혼에 거하시는 하나님의 생명이 치명적으로 위험하다거나 병들었음을 입증한다.

교회가 그 부르심을 이행해 교회 구성원들에게 영향력을 미치고, 그들이 세상의 모든 권세로부터 벗어나 하나님을 향해 거룩한 헌신을 하도록 만드는 힘이 약화된 것에 관해 많은 말들과 비판이 있었다. 또한 교회가 그분의 사랑과 구원을 알게 하라고 그리스도로부터 위임 받은 많은 불신자들에 대해 무관심하다는 말도 많이 있었다. 이처럼 이 세상의 수많은 그리스도인들이 더 큰 영향력을 행사하지 못하는 가장 결정적인 이유가 무엇인가? 기도하지 않음, 이것 외에는 없다. 사람들을 가르치고 교제하는 일에 아무리 충성했다고 할지라도 학문에 관한 모든 열정과 교회 안에서의 모든 사역을 위한 성령의 분명한 약속과 하늘로부터 오는 권능을 받는 것에 직결된 쉼 없는 기도가 부족했던 것이다. 기도하지 않는 죄는 무력한 영적 생활의 원인이다.

셋째, 목회자들이 기도하지 않음으로 인해 교회가 끔찍한 손실을 입고 있다.

목회자의 사명은 믿는 사람들이 기도의 삶을 살도록 훈련하는 것이다. 그런데 목회자가 하나님과 교제하는 방법을 모르고, 성령으로부터 자신과 자신의 사역을 위해 매일 풍성한 은혜를 받을 줄 모른다면, 어떻게 이 일을 할 수 있겠는가? 목회자는 성도들을 자신의 수준 이상으로 이끌 수 없다. 직접 걸어보지도 않은 길로 인도하거나 경험해 보지도 않은 일을 열정적으로 가르칠 수 없다.

얼마나 많은 그리스도인들이 기도의 축복과 하나님과의 교제를 거의 모른 채 살아가고 있는가! 또한 얼마나 많은 사람들이 이를 조금은 알고 있으며 더 많이 알기를 갈망하면서도 실제로 하나님의 말씀을 전할 때는 이 기도의 축복을 얻어내기 위해 끊임없이 애를 태우지 않는가? 그 단순하고도 유일한 원인은 목회자들이 능력 있는 기도의 비밀을 거의 알지 못한다는 것과 본질상 하나님의 뜻 안에서 필수 불가결한 기도를 그들의 섬김의 자리에 두지 않는다는 것이다. 오, 목회자들이 기도하지 않는 죄를 바로 조명하고, 이에서 해방될 수 있다면 우리 교회가 얼마나 달라질 것인가!

  넷째, 모든 사람에게 하나님의 복음을 전할 수 없다.

  비록 우리가 복음을 전하라는 그리스도의 명령을 받았지만 기도하지 않는 죄가 극복되고 떠나가지 않는 한 결코 불가능하다.

  많은 사람들이 그리스도인으로서 가장 중요한 사명은 영혼의 구원을 위해 기도에 힘씀으로써 자기 자신을 주께 드리는 사람들을 얻는 것이라고 생각한다. 하나님은 그분의 백성들이 밤낮으로 자신에게 부르짖을 준비가 되었다거나 그런 의지만 보여도 손수 구원하신 이 세상을 이끄시고 축복하기 위해 열심을 내시고, 또 그렇게 하실 수 있다고 말하는 사람들도 많다. 그러나 목회자들이 완전히 변화되기 위해 가장 필수적인 일은 설교도 아니요, 목회 비전의 정립도 아니며, 교회 사역의 확장도 아니다. 무엇보다 하늘로부터 임하는 능력을 덧입을 때까지 기도로 하나님과 교제하는 것이다. 이 사실을 깨닫지 않으면 회중들이 어떻게 이에 도달할 수 있겠는가?

천국에 관한 모든 생각과 사역과 기대가 우리로 하여금 기도하지 않는 죄를 깨닫게 하도록 이끌기를! 하나님은 기도하지 않는 죄가 뿌리 뽑히도록 우리를 도우신다! 하나님은 예수 그리스도의 보혈과 권세를 통해 우리를 그 죄에서 구원해 주신다! 하나님은 모든 말씀 사역자들이 먼저 이 죄의 뿌리에서 해방되어 믿음과 인내 안에서 용기와 기쁨을 가지고 자신의 하나님과 동행할 때 얼마나 영광스러운 자리를 차지하고 있는지를 스스로 볼 수 있도록 가르쳐 주신다!

하나님은 우리의 마음에 기도하지 않는 죄의 짐을 너무나 무겁게 지워주셔서 예수님의 이름과 권능을 통해 우리에게서 이 죄가 멀리 떠나가게 하셨다. 그분이 우리를 위해 그것이 가능케 하실 것이다.

* * *

미국에서 있었던 일

1898년, 뉴욕의 두 장로교인이 영적 생활의 풍성함을 위한 노스필드 컨퍼런스에 참여했다. 그들은 새로운 열정을 가지고 자신들의 일터로 돌아왔다. 또한 모든 장로교회에 부흥이 일어나도록 애썼다. 그들이 주최한 모임에서 인도자가 모인 사람들의 기도 생활에 관해 질문했다. "형제들이여, 오늘 하나님과 서로 앞에서 함께 고백해 봅시다. 우리에게 유익할 것입니다. 하나님의 일과 관련해 매일 30분 동안 하나님과 시간을 보내는 사람은 손을 들어보십시오." 한 사람이 손을 들었다. 그는 다시 물었다. "이번에는 15분 동안 기도하는 사람은 손을 들어보십시오." 여전히 모인 인원의 절반도 손을 들지 못했다.

그 후에 그가 말했다. "예수 그리스도의 교회의 원동력이 기도인데 사역자의 절반이 아예 그 힘을 사용하지도 않는군요! 이번에는 5분을 할애하는 사람은 손을 드십시오." 모든 사람의 손이 올라갔다. 그러나 나중에 한 사람은 매일 5분이라도 기도하고 있는지 확실히 모르겠다고 고백했다. 그 사람은 "내가 하나님과 얼마나 적은 시간을 보내고 있는지를 보여주는 끔찍한 증거입니다"라고 말했다.

02

기도하지 않는 이유

육체적인 삶이야말로 이 슬프고도
부끄러운 기도하지 않는 죄의 원인이다.

한 형제가 장로들의 기도 모임에서 다음과 같이 물었다. "이토록 기도하지 않는 이유가 무엇인가요? 믿음이 없어서 인가요?" 나의 대답은 이러했다. "물론이지요. 그런데 그 믿음 없음의 원인은 무엇일까요?"

제자들이 예수님께 여쭤보았다. "우리는 어찌하여 능히 그 귀신을 쫓아내지 못했나이까?" 예수님이 대답하셨다. "너희 믿음이 작은 까닭이니라." 그리고 덧붙이셨다. "기도와 금식이 아니면 이런 유가 나가지 아니하느니라." 삶 속에서 금식(세상을 물리치는 것)과 기도(하늘나라를 붙드는 것)를 통한 자기 부인이 없다면 믿음은 실행될 수 없다. 우리가 불평하면서도 기도하지 않는 근본적인 원인은 성령을 따르지 않고 육체를 따르는 생활에서 찾을 수 있다. 그 모임을 마쳤을 때 그 형제가 나에게 말했다. "결단코 불가능한 것은 우리가 성령으로 기도하기 원하면서 동시에 육체를 따라 사는 것입니다."

만약 병에 걸린 사람이 치유 받기 원한다면 그 병의 진짜 원인이 무엇인지 밝혀내는 것이 급선무일 것이다. 이는 모든 회복을 위한 첫 번째 단계이다. 그 근본 원인이 무시되고 잘못된 원인이나 부차적인 문제에 주의가 집중된다면 치료는 불가능하다. 이와 마찬가지로 지금 당장 우리에게 큰 축복의 장소가 되어야 할 기도의 은밀한 자리를 가지는 데 실패하고, 거의 죽은 듯 살아가는 이 슬픈 현실의 원인이 무엇인지 정확히 통찰해 보는 것이 극히 중요하다. 이 악의 뿌리를 확실히 캐보자.

성경은 우리에게 그리스도인에게 가능한 단 두 가지 상태가 있다고 가르친다. 하나는 성령을 따라 사는 것이며, 다른 하나는 육체를 따라 사는 것이다. 이 두 가지 힘은 서로 조화될 수 없는 갈등 관계에 놓여 있다. 그런데 비록 대부분의 그리스도인들이 감사하게도 성령을 통해 거듭나고 하나님의 생명을 받았음에도 불구하고 여전히 성령이 아닌 육체를 따라 예전의 삶을 살고 있다.

바울은 갈라디아 교인들에게 다음과 같이 썼다. "너희가 이같이 어리석으냐. 성령으로 시작하였다가 이제는 육체로 마치겠느냐"(갈 3:3). 실제로 그들의 섬김은 여전히 육체적으로 드러나는 행위였다. 그들은 육체로 하나님을 섬기는 일에 영향을 주도록 용납할 때 그 즉시 죄에게 문을 열어주는 결과를 초래한다는 사실을 이해하지 못했다.

그래서 바울은 육체의 일이 간음, 살인, 술 취함 같은 중대한 죄뿐 아니라 분쟁과 분 냄과 당 짓는 것 등 매일의 삶에서 일상적으로 저지르는 죄에까지 이른다고 말했다. 바울은 간곡히 타일렀다. "너희는 성령을 따라 행하라. 그리하면 육체의 욕심을 이루지 아니하리라. …만일 우리가 성령으로 살면 또한 성령으로 행할지니"(갈 5:16, 25). 성령은 새로운 삶의 작가로서 뿐 아니라 우리 전 생애의 인도자와 감독으로서 존중 받아야 한다. 그렇지 않으면 우리는 여전히 바울이 말한 대로 육체적일 수밖에 없다.

많은 그리스도인들이 이 문제를 이해하지 못하고 있다. 그들은 자신이 가지고 있는 육체적 본성의 깊은 죄와 불경건을 진정으로 깨닫지 못한 채 무의식적으로 죄를 짓는다. "하나님은…(그리스도의 십자가 안에서) 육신에 죄를 정하사"(롬 8:3). "그리스도 예수의 사람들은 육체와 함께 그 정욕과 탐심을 십자가에 못 박았느니라"

(갈 5:24). 이처럼 육체는 개선되거나 성화될 수 없다. "육신의 생각은 하나님과 원수가 되나니 이는 하나님의 법에 굴복하지 아니할 뿐 아니라 할 수도 없음이라"(롬 8:7).

예수 그리스도가 십자가에서 끝까지 참아내심으로 육체를 다루셨던 것 외에 우리가 육체를 다룰 수 있는 방도는 없다. 옛사람은 예수님과 함께 십자가에 못 박혔다(롬 6:6). 그러므로 우리도 믿음으로 육체를 십자가에 못 박고, 날마다 그것을 저주의 십자가 위에 놓아야 마땅한 것으로 여겨야 한다.

때때로 많은 그리스도인들이 육체의 깊고도 측량할 수 없는 죄에 관해 진지하게 생각하거나 말한다. "내 속, 곧 내 육신에 선한 것이 거하지 아니하는 줄을 아노니"(롬 7:18). 이 사실을 진정으로 믿는 사람은 외칠 것이다. "내 지체 속에서 한 다른 법이 내 마음의 법과 싸워 내 지체 속에 있는 죄의 법으로 나를 사로잡는 것을 보는도다. 오호라, 나는 곤고한 사람이로다. 이 사망의 몸에서 누가 나를 건져내랴"(롬 7:23-24). 더 나아가 다음과 같이 고백하는 사람은 행복하다. "우리 주 예수 그리스도로 말미암아 하나님께 감사하리로다.… 이는 그리스도 예수 안에 있는 생명의 성령의 법이 죄와 사망의 법에서 너를 해방하였음이라"(롬 7:25, 8:2).

우리를 위한 하나님의 은혜를 어찌 이해할 수 있으랴! 육체는 십자가에 달릴 수밖에 없고, 우리 마음에 계신 성령만이 삶을 다스리실 수 있다. 우리는 이 영적인 삶을 너무나 막연하게 이해하거나 좇아간다. 그러나 이것은 하나님의 분명한 약속이다. 이 약속은 영적으로 살기 위해 자기 자신을 하나님께 복종시키는 사람들에게서 성취될 것이다.

이제 우리는 이 깊은 악의 뿌리가 기도하지 않는 생활의 원인임을 알게 되었다. 육체도 충분히 기도하고, 그 행위 자체가 종교적이라고 말하며 양심을 만족시킬 수 있다. 그러나 육체는 하나님을 가까이 아는 지식을 따라 그분과 교제를 즐거워하며 끊임없이 하나님의 능력을 붙잡고자 기도에 애쓰고자 하는 열망도, 힘도 없다. 그러므로 결국 육체는 부인되고 못 박혀져야 한다.

육체에 속한 그리스도인들은 하나님을 따르려고 하는 의지도, 힘도 없다. 그들은 관습이나 습관적인 기도에 만족하며 안주한다. 그러나 은밀한 기도의 축복인 영광은 어느 날 그의 눈이 떠져서 비로소 하나님께로 돌아가려고 하고, 육체가 자신의 능력 있는 기도를 불가능하게 만드는 대적자임을 깨닫기 시작할 때까지 감추어져 있을 것이다.

나는 언젠가 한 컨퍼런스에서 기도하지 않는 원인으로서 육체의 악함에 관해 매우 강경한 표현을 사용한 적이 있다. 강의가 끝난 후에 한 사모가 다가와 내가 대단히 지나치게 말했다고 생각한다고 했다. 그러나 그녀 역시 결국에는 기도의 열망이 너무나 적었던 것을 애통하며 울어야 했고, 이후에 진심으로 하나님을 구하는 데 마음을 쏟게 되었다. 나는 그녀에게 하나님이 육체와 관련해 무엇이라고 말씀하시는지 가르쳐 주었다. 또한 성령을 받아들이지 못하게 막는 모든 것이 이 육체의 은밀한 작용임을 가르쳐 주었다. 아담은 하나님과 교제를 가질 수 있도록 창조되었고, 타락하기 전까지 이를 누렸다. 그러나 원죄를 범한 즉시 하나님에 대한 반감이 깊게 자리 잡았고, 그로 인해 하나님으로부터 멀리 달아났다. 이 회복할 수 없는 반감이야말로 회개하지 않는 인간의 본성이자 우리가 하나님과 교제하기 위해 기도로 자기 자신을 굴복시키려고 하지 않는 주된 원인이다. 이튿날, 그녀는 내게 하나님이 자신의 눈을 열어 주셨다고 말했다. 그녀는 육체의 반감과 내키지 않음이 자신의 기도 생활을 약화시킨 숨은 방해물이라고 고백했다.

우리가 애통히 여기는 기도하지 않음의 원인을 환경에서 찾지 말자. 하나님의 말씀이 뭐라고 하는지를 찾자. 기도하지 않는 이유는 거룩한 하나님에 대한 우리의 숨은 적개심에 있다. 그리스도인이 성령의 인도하심에 온전히 이끌리지 않을 때(성령께 굴복하는 것은 단연코 하나님의 뜻과 그분의 은혜로 말미암는 것이다) 자신도 모르게 육체의 권세 아래에서 살게 된다. 육체적 삶은 여러 모습으로 자신을 드러낸다.

- 감정이 성급해지거나 속에서 생각지도 않게 분노가 일어난다.
- 사랑이 부족해지고 스스로도 종종 그런 자신을 비난한다.
- 먹고 마시는 데에서 기쁨을 얻게 되고, 이따금 자신의 양심이 자신을 꾸짖는다.
- 자신의 의지와 명예를 구하고, 자신의 지혜와 힘에 자신감을 가지고 이 세상의 기쁨을 구하며, 때때로 하나님 앞에서 부끄러움을 느낀다.

이 모든 것은 육체를 따르는 아직도 육신에 속한 자의 삶이다(고전 3:3). 아마도 이 구절은 이따금씩 당신을 괴롭힐 것이다. 당신은 하나님 안에서 온전한 기쁨과 평화를 누리지 못할 것이다.

이제 기도하지 않고, 문제에 어떤 영향도 미치지 못하는 무력함의 이유를 찾았는가? 이 질문에 관한 답을 곰곰이 생각해 보라. 나는 성령 안에서 살고 거듭났지만 성령으로 살지 않고 육체가 나의 위에 군림한다. "하나님, 저를 용서하소서!" 육체적인 삶은 명백히 이 슬프고도 부끄러운 기도하지 않음이 원인이다.

전장의 한가운데에서

하나님의 나라와 어둠의 세력 사이의 거대한 싸움과 관련해 자주 사용되는 '전략적 요충지'라는 표현에 관한 컨퍼런스에서 다음과 같은 고찰이 이루어졌다.

장군이 적을 물리치기 위해 장소를 선택할 때 그 싸움에서 가장 중요하다고 생각하는 지점에 최고의 주의를 기울일 것이다. 예를 들어 웰링턴 장군은 워털루의 전장에서 한 농가를 보고 즉시 그곳이 모든 상황의 열쇠라고 판단했다. 그는 그 장소를 점령하기 위해 자신의 부대를 아끼지 않았다. 승리가 달려 있었기 때문이다. 그리고 마침내 승리를 얻었다. 이것은 그리스도인들과 어둠의 세력 간의 싸움에서도 마찬가지이다. 은밀한 기도의 장소야말로 결정적인 승리를 획득할 수 있는 전략적 요충지이다.

사탄은 그리스도인들, 무엇보다 목회자들이 기도하지 않도록 꾀기 위해 모든 힘을 사용한다. 사탄은 설교가 얼마나 감탄할 만하든, 예배가 얼마나 마음에 와 닿든, 목회 비전이 얼마나 믿을 만하든 기도가 무시되는 한 이 가운데 어떤 것도 자기와 자기 나라를 해치지 못한다는 사실을 알고 있다. 교회가 기도의 골방에 들어가 문을 닫고, 그리스도의 군사가 '하늘로부터의 권세'를 자신의 무릎 위로 받는다면 어둠의 세력은 흔들리고 영혼들은 구원 받을 것이다. 교회나 사역 현장에서, 목회자나 성도들에게서 모든 것은 기도의 힘을 신실하게 행사하는 것에 달려 있다.

한번은 〈크리스천〉(The Christian) 지에서 다음과 같은 글을 발견했다. "두 사람이 한 가지 목적으로 싸운다. 우리는 그들을 그리스도인과 아볼루온이라고 부른다. 아볼루온은 그리스도인이 승리할 수 있는 강력한 한 가지 무기를 소유했음을 알고 있다. 아볼루온은 죽기 직전까지 싸우는데 적에게서 그 무기를 빼앗을 수 있는 해결책을 찾아내고 그것을 파괴하려고 한다. 그 순간부터 싸움의 주원인은 부수적이게 되었다. 이제 더 중요한 목적은 이것이다. 누가 승리가 달린 그 무기를 소유할 것인가? 그것을 쥐는 일이 치명적으로 중요해졌다."

그렇다. 이것은 사탄과 그리스도인 사이의 갈등이다. 하나님의 자녀는 기도로 모든 것을 정복할 수 있다. 그러므로 사탄이 그리스도인에게서 그 무기를 빼앗아 가거나, 그것을 사용하지 못하도록 방해하는 데 전력을 다하는 게 당연하지 않은가.

사탄은 어떻게 기도를 방해하는가? 기도를 미루거나 짧게 단축 시킴으로써, 이런저런 생각을 불러일으킨다거나 온갖 산만함으로, 혹은 불신이나 절망으로 한다. 그러나 기도의 무기를 재빨리 붙들 고 사용하는 것에 주의를 기울이는 기도의 영웅은 행복하다. 겟세 마네 동산에서의 우리 주님처럼 원수가 격렬하게 우리를 공격하면 할수록 더욱 간절히 기도하고 승리를 얻을 때까지 기도를 쉬지 말 아야 한다. "모든 기도와 간구를 하되 항상 성령 안에서 기도하고" (엡 6:18). 기도 없는 구원의 투구, 믿음의 방패, 하나님의 말씀인 성령의 검은 힘이 없다. 모든 것이 기도에 달려 있다. 하나님은 우 리에게 이것을 믿고 재빨리 붙들라고 가르치신다.

03

기도하지 않는 죄와 싸우기

당신과 살아 계신 주님과의 관계가
어떠해야 할지 생각해 보라.

    그리스도인이 기도하지 않는 죄를 깨닫자마자 가장 먼저 생각하는 것은 승리를 얻기 위해 하나님의 도우심으로 싸워야겠다는 것이다. 그러나 슬프게도 그는 곧 이 싸움이 별 소용이 없음을 깨닫는다. 낙심이 그를 덮는다. 기도에 계속 충실할 수 없다. 지난 몇 년간 기도를 주제로 한 여러 컨퍼런스에서 많은 목회자들이 하나같이 그렇게 엄격한 삶에 도달하는 것은 불가능하다고 공공연히 말했다.

    최근에 나는 능력 있고 헌신적인 사역으로 잘 알려진 어떤 목회자로부터 편지 한 통을 받았다. 그는 이렇게 썼다. "제 생각에는 기도 생활이나 자기 자신을 위해 준비해야 하는 모든 전력을 다하는 노력이나, 그러기 위해 우리에게 요구되는 모든 시간과 고생과 끊임없는 수고에 관해 여러 가지로 많은 정보를 듣는다고 도움이 되는 것 같지는 않습니다. 그런 것들은 저를 낙담하게 할 뿐입니다. 그런 이야기들을 수없이 많이 들었음에도 말입니다. 시시때때로 저는 그것들을 시도해 보았습니다. 그러나 결과는 항상 슬프도록 실망스러웠습니다. '당신은 더 많이 기도해야 하며 자기 자신을 좀 더 살펴보고 이를 바탕으로 더욱 열심 있는 그리스도인이 되어야 한다.' 이제 이런 말들은 제게 도움이 되지 않습니다."

그를 위한 나의 답장은 이러했다. "저는 컨퍼런스에서나 여타 다른 장소에서 제가 했던 말들을 생각해 보았습니다. 저는 노력이나 분투라는 단어를 언급한 적이 없습니다. 왜냐하면 우리가 먼저 단순한 믿음을 가지고 그리스도와 함께 사는 법을 배우기 전까지 우리의 모든 수고가 무익함을 전적으로 확신하기 때문입니다."

답장을 받은 그는 다음과 같이 반응했다. "제가 원했던 메시지가 이것입니다. '당신과 당신의 살아 계신 구주와 관계가 어떠해야 할지 생각해 보라. 그분의 임재 안에서 살고, 그분의 사랑을 즐거워하며, 그분 안에서 쉬어라.'"

이 말이 바르게 이해된다면 그 이상의 메시지는 없을 것이다.

"당신과 당신의 살아 계신 구주와 관계가 어떠해야 할지 생각해 보라." 이것이야말로 우리가 기도의 삶을 사는 것을 가능하게 만드는 것이다.

기도하지 않는 죄가 우리에게 영향력을 행사하고 있을 때나, 우리가 전 교회와 함께 자기 자신과 교회와 사역을 위해 기도해야 함에도 불구하고 연약해서 기도하지 않고 있는 자신을 불평하고 있는 동안에 예수님과 올바른 관계를 가지고 있다는 생각으로 스스로를 위로해서는 안 된다. 그러나 예수 그리스도와 올바른 관계를 위해 다른 무엇보다 하나님의 뜻에 따라 열망과 힘을 가지고 기도하는 것을 먼저 생각한다면 우리는 주 안에서 즐거워하고 주 안에서 쉴 수 있는 권리를 가질 수 있다.

위의 편지는 자기 노력의 결과가 얼마나 자연스럽게 우리를 낙담시키고, 개선이나 승리의 모든 희망을 차단할 수 있는지 지적해 준다. 사실 위의 상황은 우리가 기도의 사명자로서 기도를 계속하도록 요구 받을 때 많은 그리스도인들이 처할 수 있는 상황이다. 그들은 끊임없이 기도하는 것은 자기 수준 이상의 무엇으로써, 스스로 기도하기 위해 요구되는 헌신이나 성화의 능력이 없다고 생각하고 결국 노력이나 수고에서 뒤로 물러선 채 슬퍼한다. 그들은 육체의 힘으로 육체를 정복하려고 애쓰지만 이는 전적으로 불가능한 일이다. 그들은 바알세불로써 바알세불을 쫓아내려고 노력하지만 이런 일은 결코 일어나지 않는다. 육체와 마귀를 정복할 수 있는 자는 오직 예수뿐이다.

우리는 실망과 낙심을 초래할 수밖에 없는 인간적인 분투를 살펴보았다. 이는 자기 자신의 힘으로 만들어 낸 노력이다. 그러나 여기 확실히 승리를 가져다주는 또 다른 노력이 있다. 성경은 '믿음의 선한 싸움'을 말한다. 이 싸움은 믿음으로 말미암고, 믿음으로 수행된다. 우리는 믿음에 관한 올바른 개념을 가지고 이 믿음에 굳게 서야 한다. 예수 그리스도는 믿음의 영원한 창시자요 완성자이시다. 우리가 그분과 올바른 관계에 들어가면 그분이 부여해 주시는 도움과 힘을 확신할 수 있다. 우리는 동일한 열심을 가지고 먼저 이렇게 말해야 한다. "당신의 힘으로 싸우려고 하지 마라. 자기 자신을 주 예수 그리스도의 발 앞에 던지고 그분이 당신과 함께 계시며 당신 속에서 일하신다는 확신 가운데 그분을 바라보라." 또한 "기도에 힘쓰라"고 말해야 한다. 믿음이 마음속에 가득하게 하라. 그러면 당신은 그분의 능력의 힘으로 주 안에서 강해질 것이다.

이 원리를 이해하는 데 도움을 줄 한 예화가 있다. 어떤 독실한 그리스도인 여성이 열정을 가지고 큰 규모의 성경 공부 반을 성공적으로 이끌고 있었다. 그런데 하루는 걱정스러운 얼굴로 담임 목사를 찾아갔다. 그녀는 처음에는 개인적인 기도 시간에 구주와 그분의 말씀과 더불어 교제하는 축복을 누렸는데 점차 이 축복을 잃어버렸고, 어떻게 해야 다시 그때로 돌아갈 수 있는지 모르겠다고 했다. 주님이 그녀의 사역을 축복하셨지만 그녀의 삶에서 하나님과 교제의 기쁨은 사라졌던 것이다. 담임 목사는 그녀에게 잃어버린 축복을 되찾기 위해 어떻게 했는지 물어보았다. 그녀는 "제가 생각할 수 있는 모든 일을 했어요. 하지만 모두 헛수고였어요"라고 대답했다.

담임 목사는 다시 그녀에게 하나님과 교제와 관련해 어떤 경험을 했는지 물었다. 그녀는 즉각적으로 분명히 대답했다. "처음에 저는 더 나아지고, 죄에서 자유로워지기 위한 시도로 어떤 수고도 아끼지 않았어요. 그렇지만 모두 헛수고였습니다. 마침내 저는 모든 노력을 제쳐두고 단순히 주 예수를 믿고 제게 그분의 생명과 평안을 주시기를 바랐어요. 그리고 주님은 그것을 이루어 주셨어요."

담임 목사가 반문했다. "그런데 왜 다시 그렇게 하지 않지요? 기도하러 가서 당신의 마음이 얼마나 차갑고 어둡든 간에 자신의 힘으로 올바른 관계로 돌아오기 위해 애쓰지 마세요. 그분 앞에 절하고 하나님이 당신이 얼마나 비참한 상태인지 보게 하시고, 당신의 희망이 오직 하나님이심을 알게 하세요. 당신에게 자비를 내리시도록 어린아이 같은 마음으로 그분을 믿고 그분을 기다리세요. 이런 믿음만으로도 당신은 하나님과 올바른 관계로 돌아올 수 있습니다. 당신은 아무것도 없고, 하나님은 모든 것을 가지고 계십니다." 그로부터 얼마 뒤, 그녀는 담임 목사에게 그의 충고가 도움이 되었다고 말했다. 마침내 그녀는 주 예수 그리스도의 사랑 안에 있는 믿음이 기도를 통해 하나님과 사귐을 가지는 유일한 방법임을 깨달았다.

당신도 이제 두 가지 종류의 싸움이 있음을 알게 되었는가? 첫 번째 싸움은 우리가 기도하지 않음을 자신의 힘으로 극복하려는 것이다. 이 경우 나의 충고는 다음과 같다. "당신의 쉼 없는 노력을 포기하십시오. 주 예수 앞에 무력하게 기대십시오. 그분이 말씀하시고, 당신의 영혼은 다시 살 것입니다." 당신이 이 충고를 따랐다면 두 번째 메시지를 받으라. "이것은 시작에 불과합니다. 더욱 깊은 열심을 가지고 당신의 모든 힘을 사용해 온 마음을 다해 깨어 있고 어떤 퇴보의 움직임이라도 잡아내십시오. 무엇보다도 헌신된 삶에 굴복하는 것이 필요합니다. 그러면 하나님이 우리를 보시고 우리를 위해 일들을 이루실 것입니다."

04

기도하지 않는 죄에서
해방되는 길

우리는 주님의 보혈과 은혜로 모든 불의와
모든 기도하지 않음의 죄에서 완전히 해방되었다.

기도하지 않음을 이기는 승리의 길에서 가장 큰 장애물은 절대로 기도하지 않는 죄에서 해방되는 축복을 얻을 수 없다고 느끼는 은밀한 감정이다. 우리는 그동안 여러 번 노력했지만 매번 헛수고였다. 옛 습관과 육체의 힘, 우리 주변의 육체의 관심을 끄는 환경들은 우리에게 너무도 강적이다. 자신의 마음이 스스로에게 이것이 능력 밖이라고 확신시키는데 노력해 보았자 무슨 소용이 있겠는가. 전 삶에 걸쳐 나타나야 하는 변화는 너무나 크고, 너무나 어렵다. 만약 "변화되는 게 가능할까?"라는 질문을 받는다면 우리의 마음은 탄식하며 말할 것이다. "슬프도다. 나에게 그것은 완전히 불가능할 뿐!" 왜 이런 대답이 나올 수밖에 없는지 아는가? 그것은 당신이 기도에 관한 소명을 단순히 모세의 목소리로, 율법의 명령으로 들었기 때문이다. 모세와 그의 율법은 결코 누구에게도 순종할 수 있는 힘을 부여하지 못한다.

당신은 진실로 기도하지 않는 삶에서 해방되는 것이 가능하며, 현실로 다가올 것이라고 믿을 수 있는 용기를 가지기를 바라는가? 그러면 당신은 예수 그리스도 안에 있는 구속으로 말미암아 이미 해방되었으며, 이는 하나님이 친히 그리스도를 통해 당신에게 전해주실 새 언약의 축복 가운데 하나라는 위대한 가르침을 깨달아야 할 것이다. 당신이 이것을 이해하기 시작할 때 "쉬지 말고 기도하라"는 권고가 새로운 의미를 담고 있음을 알게 될 것이다. 마음에 희망이 솟아오르기 시작하고, 당신이 "아빠 아버지"라고 부를 수 있도록 해주신 성령이 당신에게 진정한 기도의 삶이 가능하게 만드실 것이다. 그러면 당신은 낙심된 마음이 아니라 희망의 기쁨으로 회개하도록 이끄시는 목소리에 귀 기울이게 될 것이다.

많은 사람들이 기도 생활이 너무도 형편없다는 쓰디쓴 자기 비난의 목소리를 누르고, 기도의 자리로 돌아가 미래를 위해 다른 태도로 살겠다고 결단했다. 그러나 여전히 어떤 축복도 임하지 않았다. 그들의 눈이 예수 그리스도께 집중되지 않았기 때문이다. 그들은 계속 기도에 충실할 힘이 없었고, 회개의 목소리에도 힘이 없었다. 그들이 이 사실을 깨닫기만 했어도 다음과 같이 고백했을 것이다. "주여, 당신은 저의 마음이 얼마나 차갑고 어두운지 아십니다. 저도 기도해야 한다는 것을 알지만 그렇게 할 수 없음을 느낍니다. 저는 기도에 갈급함이나 열정이 부족합니다."

그들은 그 순간 예수님이 부드러운 사랑의 눈으로 자신을 바라보고 이렇게 말씀하실 것을 모른다. "네가 기도할 수 없구나. 너는 모든 것이 차갑고 어둡다고 느끼고 있어. 왜 너 자신을 나의 손에 맡기지 않느냐? 네가 기도하도록 도울 준비가 되었다는 걸 믿기만 해라. 나는 나의 사랑을 너의 마음에 부어주어 네가 너의 약함을 깨닫는 가운데 나에게 부담 없이 기대어 기도의 은혜를 기다리기를 간절히 바라고 있단다. 내가 너의 다른 모든 죄를 씻어주는 것같이 너를 기도하지 않는 죄에서 구원할 것이다. 네가 스스로의 힘으로 승리를 얻으려고 애쓰지만 않는다면 말이다. 구원자에게 모든 것을 기대하는 사람처럼 내 앞에 엎드리라. 너의 상황이 아무리 슬프더라도 너의 영혼이 내 앞에서 잠잠하게 해라. 내가 너에게 기도하는 법을 가르쳐 줄 것을 확신해라."

그때 많은 사람들은 인정할 것이다. "저는 저의 잘못을 압니다. 예수 그리스도가 기도하지 않는 죄도 깨끗이 씻어주시고 구원해 주실 것이라고 생각하지 않았습니다. 제가 기도할 때 항상 저와 함께 계시며, 제가 얼마나 죄책감에 사로잡혀 있든 상관없이 그 큰 사랑으로 저를 지키고 복을 주시려고 하신다는 것을 이해하지 못했습니다. 주님이 기도의 응답으로 모든 다른 은혜를 주시는 것처럼 무엇보다 먼저 기도하고자 하는 마음의 은혜를 주심을 생각하지 못했습니다. 모든 다른 은혜가 주님께로부터 오지만 만사가 달려 있는 기도만은 인간의 노력으로 얻어야 한다는 생각은 얼마나 어리석은지요! 하나님께 감사합니다. 저는 이제 주 예수 그리스도가 친히 저의 기도의 골방에 계셔서 제가 하나님께 가까이 가도록 가르치는 책임감을 가지고 저를 바라보신다는 사실을 이해하기 시작했습니다. 그분이 요구하시는 것은 오직 제가 어린아이 같은 믿음을 가지고 그분을 기다리고 그분께 영광을 올려 드리는 것뿐입니다."

우리가 이 진리를 잊었는가? 불완전한 영적 생활로부터는 불완전한 기도 생활 외에 더 기대할 것이 없다. 우리가 불완전한 영적 생활을 하면서 기도를 더 많이, 더 잘하려고 노력한들 아무 유익이 없다. 그것은 완전히 불가능하다. 무엇보다 우리가 "그런즉 누구든지 그리스도 안에 있으면 새로운 피조물이라. 이전 것은 지나갔으니 보라 새것이 되었도다"라는 말씀을 경험하는 것이 중요하다. 이는 예수 그리스도 안에 있는 것이 어떤 것인지 이해하고 경험하는 사람에게 문자 그대로 사실이 된다.

우리와 주 예수 그리스도의 모든 관계는 새것이 되어야 한다. 나와 매 순간 연합하고, 그분과 관계를 지속하기를 바라시는 예수님의 무한한 사랑을 믿어야 한다. 나는 모든 죄를 정복하고, 나를 분명히 죄에서 지켜줄 그분의 권능을 믿어야 한다. 나는 성령을 통해 위대한 중보자로서의 역할을 담당하는 예수 그리스도가 그분의 몸의 각 지체들과 기도로써 하나님과 연합하는 기쁨과 힘을 느끼게 하실 것을 믿어야 한다. 나의 기도 생활은 전적으로 그리스도와 그분의 사랑의 통제 아래에 있어야 한다. 그러면 처음으로 기도가 하늘의 공기를 들이마시고 내쉬게 하는, 말 그대로 자연스럽고 즐거운 영적 호흡이 될 것이다.

우리가 이 믿음을 소유할 때 하나님을 기쁘시게 해드릴 기도 생활의 사명이 즐거운 사명이 될 것임을 아는가? 그러면 "기도하지 않는 죄를 회개하라"는 외침에 무기력한 한숨으로나 육체적으로 꺼리는 마음으로 응답하지 않을 것이다. 아버지의 음성은 마치 그분이 우리 앞에 넓게 문을 열어두시고 그분과 함께하는 축복된 교제를 이루도록 부르시는 것처럼 들릴 것이다. 기도하기 위해 성령의 도움을 의지하면 기도는 더 이상 우리 힘에 너무 벅찬 큰 수고라는 두려움으로 받아들여지지 않을 것이다. 대신 단지 약한 모습 그대로 주 예수의 발 앞에 쓰러져서 승리는 주님의 지지로부터 흘러나오는 힘과 사랑을 통해 얻어진다는 사실을 깨닫게 될 것이다.

아마도 다음과 같은 질문이 우리 마음속에 떠오를 것이다. "이 상태가 지속될 것인가?" 두려움이 뒤따른다. "정말 여러 번 노력했지만 실망뿐이었음을 잘 알잖아." 그러나 이제 당신이 무엇을 할 것인지가 아니라 당신을 도우시고 그분을 바라는 자들은 수치를 당하지 않을 것을 확신시켜 주시는 그리스도의 변함없이 신실한 사랑 안에서 믿음은 힘을 얻을 것이다.

만약 아직도 당신 안에 두려움과 주저함이 있다면 나는 당신을 위해 예수 그리스도 안에 있는 하나님의 자비와 그분의 형용할 수 없이 신실하고 온화한 사랑으로 당신 스스로를 그분의 발 앞에 과감히 내던지라고 기도할 것이다. 당신이 기도하지 않는 죄에서 해방되었음을 전심으로 믿기만 하라. "만일 우리가 우리 죄를 자백하면 그는 미쁘시고 의로우사 우리 죄를 사하시며 우리를 모든 불의에서 깨끗하게 하실 것이요"(요일 1:9). 우리는 주님의 보혈과 은혜로 모든 불의와 모든 기도하지 않음의 죄에서 완전히 해방되었다. 주님의 이름이 영원히 찬양 받으리라!

05

기도 생활을
어떻게 지속할 것인가?

하나님이 어떻게 하면 보이지 않는 주와 교제를
계속하는 가운데 인생의 걸음을 걸어갈 수 있는지
가르쳐 주실 때까지 그분을 기다리라.

기도하지 않는 죄로부터 해방됨에 관해 우리가 이야기해 온 모든 것은 다음 질문의 답에도 적용된다. "기도하지 않는 죄로부터 자유를 어떻게 지속할 것인가?" 우리에게 구원은 조금씩 인정되거나 우리가 이따금씩 사용할 수 있는 뭔가가 아니다. 구원은 주 예수 안에 가득 축적되어 있는 은혜의 충만함으로 주어졌으며, 우리가 매일 주님과 새로운 교제를 즐기게 하는 것이다. 이 위대한 진리는 내가 다시 한 번 언급할 필요를 느낄 만큼 우리의 마음에 새겨지고, 생각 속에 고정되어야 할 필요가 있다. 주 예수와 날마다 친밀한 사귐을 가지는 것 외에 그 무엇도 당신을 소홀한 기도 생활로부터 지켜주거나 능력 있는 기도의 삶을 지속하게 할 수 없다.

예수님은 제자들에게 말씀하셨다. "하나님을 믿으니 또 나를 믿으라. 내가 아버지 안에 거하고 아버지께서 내 안에 계심을 믿으라. 나를 믿는 자는 내가 하는 일을 그도 할 것이요, 또한 그보다 큰 일도 하리니"(요 14:1, 11-12).

주님은 제자들에게 구약에서 하나님의 권능과 거룩함과 사랑에 관해 배운 모든 것들이 이제 자신에게 전가되어야 함을 가르치기 원하셨다. 제자들은 단순히 글로 써진 문서를 믿는 것이 아니라 예수님을 인격적으로 믿어야 했다. 그들은 예수님이 아버지 안에 계시며, 아버지가 그들 각자 안에 계심으로 둘이 한 생명, 한 영광을 가지고 있다는 개념을 믿어야 했다. 제자들이 그리스도에 대해 아는 모든 것은 하나님 안에서 발견할 수 있다. 제자들이 주님이 하셨던 일을 하고, 더 큰일도 할 수 있는 것은 오직 주님의 신적인 영광을 믿는 믿음을 통해서만 가능하기 때문에 예수님은 이 점을 매우 강조하셨다. 이 믿음은 제자들이 그리스도와 아버지가 하나이듯이 그들이 그리스도 안에 있고, 그리스도가 그들 안에 계시다는 깨달음에 이르게 했다.

우리의 삶, 특히 기도의 삶 속에서도 이 친밀하고 영적이며, 인격적이고 중단 없는 주 예수와의 교제가 강력하게 나타난다. 하나님의 모든 영광스러운 속성이 우리 주 예수 그리스도 안에 있다. 이것은 어떤 의미인가?

첫째, 하나님의 무소부재하심을 나타낸다.

하나님은 온 세상에 충만하시고, 모든 순간에 만물 안에 나타나신다. 우리 주 예수님은 성부 하나님과 같이 어디에나 계시며, 특별히 그분이 구속한 사람들과 함께하신다. 이것은 우리가 믿음으로 깨달아야 할 가장 위대하고 중요한 가르침 가운데 하나이다. 우리는 주님의 제자들의 예를 통해 이를 분명히 이해할 수 있다. 예수님과 항상 교제를 나누었던 제자들에게 특히 우선시되었던 것은 무엇인가? 그것은 주님과 함께하는 즐거움을 영원히 가지는 것이었다.

바로 이 때문에 제자들은 주의 죽으심을 생각할 때 극도로 슬퍼했던 것이다. 그들은 주님의 임재를 빼앗기게 되었다. 더 이상 예수님이 함께 계시지 않는다. 이런 상황에서 주님은 제자들을 어떻게 위로하셨는가? 그분은 하늘로부터 성령이 임해 제자들 안에서 역사하심으로 그분의 생명과 인격적인 임재를 충만히 느낄 수 있을 것을 약속하셨다. 그 결과 제자들은 예수님이 이 땅 위에 계실 때 그들이 경험했던 것보다 더욱 친밀하고 영속적인 교제를 나누게 되었다.

이 위대한 약속은 이제 모든 믿는 자들의 유산임에도 불구하고 많은 사람들이 이것을 잘 알지 못한다. 하나님이신 예수님도 자신을 십자가까지 이끈 그 영원한 사랑으로 매일 모든 순간에 우리와 교제를 가지기 원하시며, 우리와 그 교제의 즐거움을 유지하려고 하신다. 이것은 새로 회심한 모든 자들에게도 설명되어야 한다. "주님은 당신을 매우 사랑하시며, 당신이 그분의 사랑을 쉼 없이 경험하도록 당신에게 가까이 계시고자 합니다." 기도와 순종, 거룩한 삶을 살기에 자신이 너무 나약하다고 느낀 신자라면 누구나 이 사실을 알아야 한다. 이 사실만이 우리로 이 세상을 정복하고, 주님을 위해 이 세상의 영혼들을 구해내는 중재자로서의 권능을 가지게 할 것이다.

둘째, 하나님의 전지전능하심을 나타낸다.

하나님의 능력은 얼마나 놀라운가! 우리는 천지 창조와 구약 성경에 기록된 구속의 여러 이적들에서 그 능력을 본다. 우리는 성부 하나님이 내주하시는 그리스도의 놀라운 사역에서, 무엇보다 그분의 부활에서 그 능력을 본다. 우리는 아버지를 믿는 것같이 아들을 믿도록 부름 받았다.

그렇다. 형용할 수 없는 사랑으로 우리와 함께 계신 주 예수는 불가능한 것이 없는 전능하신 하나님이시다. 그분은 우리의 마음이나 육체, 우리에게 굴복하지 않는 그 어떤 것도 정복하실 수 있고 그렇게 하실 것이다. 전능하신 예수님은 하나님의 말씀 안에 약속된 모든 것과 신약의 약속의 자녀로서 우리가 받게 될 모든 유산을 우리에게 가득 채워주실 수 있다. 기도의 골방에서 그분 앞에 엎드리면 우리는 영원하고 변함없는 하나님의 권능과 접촉할 수 있다. 우리가 자신을 주 예수께 맡긴 날에는 그분의 변함없이 전능한 능력이 우리를 보호하고 모든 것을 이루어 주심을 확신하는 가운데 쉴 수 있다.

우리가 기도의 은밀한 자리를 위해 시간을 내기만 해도 그 전능하신 주님의 임재를 충분히 실감하는 경험을 할 수 있다. 무소부재하고 전지전능하신 주님과 중단 없는 사귐, 믿음을 통해 우리에게 주어진 복은 얼마나 큰가!

셋째, 하나님의 거룩한 사랑을 나타낸다.

이것은 하나님이 그분의 완전한 사랑으로 자신의 신적 속성을 우리의 유익을 위해 공급하시고, 자신까지 우리에게 주시려고 한다는 의미이다. 그리스도는 하나님 사랑의 계시이다. 그 사랑의 선물인 성자 예수님은 저항할 수 없는 사랑의 증거를 보여주시기 위해 십자가를 참아내셨고, 우리로 하여금 그 사랑을 믿지 않는 것이 불가능하게 하셨다. 이 예수님이 우리를 만나러 우리의 기도 골방에 오신다. 그곳에서 주님은 우리와 깨지지 않는 관계가 우리의 유산이라는 확신을 주신다. 그 확신을 통해 우리는 주님과 교제를 경험한다. 이처럼 죄를 정복하고, 죄의 권세를 무마하기 위해 모든 것을 거룩하게 하신 하나님의 거룩한 사랑이 우리를 모든 죄에서 구해주시려고 우리에게 다가오신다.

주님의 말씀을 다시 숙고해 보라. "하나님을 믿으니 또 나를 믿으라." "내가 아버지 안에 거하고 아버지께서 내 안에 계심을 믿으라. 너희가 내 안에 내가 너희 안에 있는 것을 알리라." 이 말씀은 기도 생활의 비밀이다. 이제 기도의 골방에서 엎드려 경배할 시간을 마련하라. 하나님이 스스로 나타내시고, 당신을 소유하시며, 어떻게 하면 보이지 않는 주와 교제를 계속하는 가운데 인생의 걸음을 걸어갈 수 있는지 가르쳐 주실 때까지 그분을 기다리라.

진실로 당신은 기도하지 않는 죄로부터 해방을 항상 경험할 수 있는 방법을 간절히 알기 바라는가? 이 자리에서 그 비밀을 소유할 수 있다. 하나님의 아들을 믿으라. 그리고 당신의 기도 골방에서 그분이 영원히 존재하는 친밀함을 가지고 그분을 영원하고 전능하신 하나님으로, 당신을 보살피는 영원한 사랑으로 나타내시도록 주님께 시간을 드리라. 그러면 전에 알지 못했던 하나님이 그분을 사랑하는 자들을 위해 하실 수 있는 일들이 마음속에 깨달아지는 경험을 하게 될 것이다.

06

승리의 축복

하나님은 그분을 사랑하는 자들을 위해 승리를 이루실 것이다.

이제 우리가 기도하지 않는 죄로부터 해방되었으며, 어떻게 그 상태를 지속할 수 있는지를 알았다면 그 자유의 열매는 무엇인가? 이 열매를 아는 사람은 늘 새로운 열심과 인내로 이 자유를 계속 유지하려고 노력할 것이다. 그의 삶과 경험은 그가 참으로 말로 다 형용할 수 없을 만한 가치를 소유했다는 증거가 될 것이다. 그는 승리가 가져오는 축복의 산 증인이 될 것이다.

첫째, 하나님과 끊임없는 교제를 통한 행복이다.

예전에 우리의 삶에 나타난 특징이었던 비난과 자기 경멸을 대신할 하나님에 대한 신뢰를 생각하라. 하나님의 엄청난 은혜가 우리 안에 영향을 미쳐 우리가 진정 그분의 형상을 지니고 있으며, 하나님과 연합한 삶을 살기에 적합하고, 그분을 영화롭게 하도록 창조되었다는 것을 우리의 깊은 의식 속에서 깨닫게 되었다는 사실을 생각하라. 우리가 무가치하다는 것을 잘 알고 있음에도 불구하고 어떻게 왕의 참된 자녀로서 아버지와 교제하며, 예수님이 이 땅에서 아버지와 나누셨던 그 거룩한 교제의 모습을 나타낼 수 있게 되었는지 생각해 보라. 기도의 방에서 보내는 시간이 어떻게 우리의 일상에서 가장 행복한 시간이 될 수 있었으며, 어떻게 하나님이 그분의 계획을 이행하시는 일을 우리와 함께 나누시고 우리로 하여금 우리를 둘러싼 세상을 위한 축복의 원천으로 만드시는지 생각해 보라.

둘째, 부르심을 받은 사역을 위해 사용할 수 있는 권능이다.

설교자는 성령의 능력을 통해 하나님으로부터 자신이 전할 메시지를 전해 받고, 동일한 능력으로 회중에게 그 메시지를 전달할 수 있는 방법을 배울 것이다. 또한 그는 자신이 누구로부터 사랑과 열정을 공급 받아 능력을 갖추어야 하고, 심방을 할 때 애정이 깃든 동정심을 가지고 각 개인을 만나 도와줄 수 있는지 잘 알게 될 것이다. 그는 바울처럼 말할 수 있을 것이다. "내게 능력 주시는 자 안에서 내가 모든 것을 할 수 있느니라." "우리는 그리스도를 대신해 사신이 되어 간청하노니 너희는 하나님과 화목하라." 이것은 헛된 꿈이나 어리석은 공상이 아니다. 하나님은 한 가지 실례로서 우리에게 바울을 보여주시고, 비록 우리가 은사나 사명이 그와 다르다고 할지라도 영적으로 바울을 능하게 한 그 은혜 안에서 우리도 충분히 모든 것들을 할 수 있음을 알게 하셨다.

셋째, 미래를 위해 우리 앞에 펼쳐진 소망이다.

이것은 온 교회와 세상의 필요에 마음을 쏟는 위대한 사역을 위한 중보자로서의 역할에 헌신하는 것이다. 바울은 사람들을 일깨워서 모든 성도를 위해 기도할 것을 구했으며, 아직 그의 얼굴을 보지 못한 자들에 대한 안타까움을 보여주었다. 그는 한 인간으로서 사람들에게 나타나는 데 있어 시간과 공간이라는 조건의 제약을 받았지만 성령으로는 아직 그리스도를 들어보지 못한 여러 곳의 사람들을 축복하기 위해 주님의 이름으로 기도할 수 있는 능력이 있었다. 그는 멀든 가깝든 이 땅 위의 사람들과 관계하는 삶과 함께 또 다른 삶, 즉 끊임없이 이어온 기도로 말미암아 사랑과 놀라운 능력이 나타나는 천국의 삶을 살았다. 만약 우리가 기도하지 않는 죄에서 자유를 얻고, 하늘나라에 다다를 만한 담대한 기도를 하기만 하면 하나님이 어떤 능력을 주시고, 예수 그리스도의 전능한 이름으로 어떤 축복이 올지 상상조차 할 수 없다.

얼마나 큰 소망인가! 하나님의 은혜로 목회자와 사역자들이 기도하기 시작하고, 이전보다 두 배나 큰 믿음과 기쁨으로 두 배나 더 강하게 말한다면 그때 설교가, 기도 모임이, 다른 사람과 교제가 얼마나 달라질 것인가! 기도의 방에 얼마나 거룩한 능력이 임하고, 그리스도 안에서 하나님과 그분의 사랑과 연합함으로 얼마나 거룩하게 될 것인가! 이 영향력이 교회와 세상 가운데 얼마나 위대하게 느껴질 것인가! 하나님이 그분의 교회를 위해 전 세계를 통해 우리를 어떻게 사용하실지 누가 아는가! 많은 수치심을 가져왔던 기도하지 않음에 맞서 모든 것을 희생하고서라도 하나님께 진정 완전한 승리를 끊임없이 가져다주시기를 간청하는 것이 참으로 가치 있지 않은가!

내가 왜 이 글들을 쓰고, 하나님이 우리에게 주고자 하신 능력을 끔찍하게 빼앗았던 '우리를 너무 쉽게 공격해 온 죄'에 관한 승리를 이토록 높이 칭송하는가? 나는 분명히 대답할 수 있다. 나는 하나님의 약속이나 능력과 관련해 우리가 얼마나 무지한지를 너무나 잘 알고 있다. 사람들은 항상 쉽게 뒤로 물러서서 하나님의 능력을 제한하고, 하나님이 그들이 보아왔던 것보다 더 위대한 일들을 행하지 않으실 것이라고 생각하려는 경향이 있음을 잘 안다. 그러므로 기도의 골방에서 새로운 방식으로 하나님을 알게 되는 것은 즐거운 일이다. 그러나 이것은 시작에 불과하다. 하나님이 모든 것에 완전하심을 알고, 그분의 성령이 우리의 마음과 생각을 넓게 여겨서 하나님이 그분을 바라는 자들에게 이루고자 하시는 위대한 일들과 새로운 일들을 알게 되는 것은 더욱 크고 영광스럽다.

하나님의 목적은 그분의 자녀들과 종들의 믿음을 북돋우고, 하나님의 형용할 수 없는 위대하심과 전능하심을 알고 이해하게 하시려는 것이다. 그때 우리는 어린아이 같은 심정으로 다음과 같이 말하게 될 것이다. "우리가 구하거나 생각하는 모든 것에 더 넘치도록 능히 하실 이에게 …영광이 대대로 영원무궁하기를 원하노라"(엡 3:20-21). 오, 우리는 얼마나 위대하고 영광스러운 하나님을 소유했는가!

당신은 물을 것이다. "이 승리의 기록이 덫이 되어서 우리를 경솔함이나 교만으로 이끌어 가지 않을까요?" 물론이다. 이 땅 위에서 최고로 높고 좋은 것은 항상 남용되기 쉽다. 그러면 어떻게 우리가 이것으로부터 보호될 수 있을까? 우리를 실제로 하나님과 만나게 하는 진실한 기도를 통한 것 만큼이나 분명한 것은 없다. 지속적인 기도로 구하면 하나님의 거룩하심이 우리의 죄를 덮을 것이다. 하나님의 위대하심과 전능하심이 우리가 아무것도 아님을 느끼게 할 것이다. 예수 그리스도 안에서 하나님과의 교제는 우리 안에 선한 것이 거하지 않는다는 사실을 깨닫게 할 것이다. 우리가 하나님과 교제할 수 있는 것은 오직 믿음으로만 가능함을 알 때 그리스도가 스스로 자신을 낮추셨던 것처럼 우리도 자기 자신을 낮추게 될 것이다. 그리고 예수님이 아버지 안에 계셨던 것처럼 우리도 주 안에서 진정으로 살게 될 것이다.

기도는 단순히 뭔가를 얻어내려고 하나님께 가는 것이 아니다. 기도는 무엇보다 하나님과의 교제이다. 그분이 우리를 소유하시고 우리의 본성을 억눌러 우리에게 그리스도의 겸손함을 입히실 때까지 하나님의 거룩함과 사랑의 권능 아래로 들어가는 것이다. 이것은 모든 진정한 예배의 비밀이기도 하다.

그리스도 예수 안에서 우리는 그리스도와 함께 죽은 사람과 같이 하나님께 가까이 다가가서 우리의 모든 삶을 다 성취하게 된다. 주님이 내주하시는 사람들은 다음과 같이 말할 수 있다. "제 안에 그리스도가 사십니다." 주님이 우리를 기도하지 않는 죄에서 자유롭게 하시기 위해 우리 안에서 행하신 일들에 관해 지금까지 한 이야기들은 기도 생활의 시작에서부터 기도가 우리에게 주는 새로운 힘을 기쁨으로 경험할 때뿐 아니라 일상의 모든 기도 생활에 이르기까지 진실이다. 우리는 '그분'을 통해 아버지께로 가까이 간다. 모든 영적 생활에서처럼 이 순간에도 그리스도가 전부이며 예수 외에는 아무도 없다.

하나님이 우리를 강하게 하셔서 주님이 자신을 사랑하는 자들을 위해 승리를 마련해 놓으셨으며, 그 축복은 인간이 마음속으로 생각해낼 수 있는 것 이상이라는 사실을 믿을 수 있게 하시기를! 하나님은 자신을 사랑하는 자들을 위해 이를 이루실 것이다.

이 모든 것은 한꺼번에 이루어지지 않는다. 하나님은 그분의 자녀들에게 오래 참으신다. 아버지와 같은 인내로 우리의 느린 성장을 참아내신다. 하나님의 모든 자녀로 그분의 말씀이 약속한 모든 것을 누리게 하라. 믿음이 강할수록 끝까지 더욱 열심히 견뎌낼 것이다.

07

더 풍성한 생명

성령은 그 능력으로 당신의 일상을 그리스도의 부활과
기쁨과 승리로 가득 채우실 수 있다.

　주님은 "내가 온 것은 양으로 생명을 얻게 하고 더 풍성히 얻게
하려는 것이라"(요 10:10)고 말씀하심으로써 더 풍성한 생명에 관해
알게 하셨다. 사람이 살아 있는 동안 생명을 가졌을지 모르지만 영
양 상태가 나쁘거나 병에 걸렸을 때는 생명의 풍성함이나 힘이 없
을 것이다. 이것이 구약과 신약의 차이이다. 구약에서도 분명 율법
아래에서 생명이 있었지만 신약에서처럼 풍성한 은혜가 넘치는 생
명은 아니었다. 그리스도는 제자들에게 생명을 주셨지만 더 풍성한
생명은 주님의 부활과 성령의 선물을 통해서만 얻을 수 있었다.
　모든 진정한 그리스도인은 그리스도로부터 생명을 얻었다. 그러

나 그들 중 상당수는 주님이 공급하고자 하시는 더 풍성한 생명에 관해서 아는 바가 없다. 바울은 지속적으로 이것을 언급했다. "내게 능력 주시는 자 안에서 내가 모든 것을 할 수 있느니라"(빌 4:13). "우리 주 예수 그리스도로 말미암아 우리에게 승리를 주시는 하나님께 감사하노니"(고전 15:57). "그러나 이 모든 일에 우리를 사랑하시는 이로 말미암아 우리가 넉넉히 이기느니라"(롬 8:37).

지금까지 우리는 기도하지 않는 죄와 그 죄에서 해방되는 방법, 그리고 어떻게 그 죄에서 계속 자유로울 수 있는지를 알아보았다. 이와 관련해 다루었던 모든 것은 그리스도가 하신 한 말씀 속에 담겨 있다. "내가 온 것은 양으로 생명을 얻게 하고 더 풍성히 얻게 하려는 것이라"(요 10:10). 진정한 기도 생활을 위해서는 이 풍성한 생명을 지속적으로 더해가는 경험이 필요하기 때문에 우리가 더 풍성한 생명을 잘 이해하는 것은 더할 나위 없이 중요하다.

우리는 기도하지 않음에 맞서 싸움을 시작하기 위해 그리스도께 의존하고 그분이 우리의 조력자가 되어 도와주시기를 기대하지만 실망할 수 있다. 이때가 바로 우리가 기도하지 않는 것이 하나의 죄임을 깨닫고 맞서 싸워야 할 때이다. 이 죄는 육체를 따르는 모든 생활의 일부이며, 육체를 따르는 삶으로 인해 나타나는 다른 죄들과도 긴밀하게 관계되어 있다는 것을 인정해야 한다.

우리는 육체의 모든 영향력이 몸이나 영혼에 드러나든 감춰지든 간에 십자가에 못 박히고 죽음에 넘겨져야 할 것으로 간주되어야 한다는 사실을 쉽게 간과한다. 현재의 나약한 삶에 만족해서는 안 되며, 더 풍성한 생명을 구해야 한다. 우리는 자신을 완전히 굴복시켜 성령이 우리를 완전히 소유하시게 해야 한다. 그러면 우리의 영적인 삶은 전적으로 변화된 모습으로 나타날 것이다. 그 결과 그리스도와 성령의 완전한 통제가 나타날 것이다.

그렇다면 이 풍성한 생명을 구성하고 있는 것은 무엇인가? 풍성한 생명은 완전하신 예수님이 성령의 능력을 통해 우리의 모든 존재를 완전히 지배하시는 것이라고 아무리 많이 말해도 지나치지 않다. 성령은 우리 안에서 그리스도의 완전성과 그분이 주시는 풍성한 생명을 알게 하신다. 이는 크게 세 가지의 모습을 담고 있다.

첫째, 십자가에 못 박히신 자로서 예수님이다.

예수님은 단지 우리의 죄를 속량하기 위해 죽으신 자가 아니다. 우리를 십자가로 데려가서 그분과 함께 죽게 하시는 자로서 그분의 십자가와 죽음의 힘으로 우리 안에서 그 일을 이루신다. 만약 당신이 "나는 그리스도와 함께 십자가에 못 박혔다. 십자가에 못 박히신 그분이 내 안에 계신다"라고 말할 수 있다면 당신은 예수님과 진정한 교제를 나누고 있는 것이다. 예수님 안에 있던 감정, 기질, 십자가의 죽음으로 이끈 겸손과 순종은 그분이 성령에 대해 "그가 내 것을 가지고 너희에게 알리겠음이라"고 말씀하셨을 때 우리도 어린아이처럼 그분 안에 있는 생명에 참여하라고 보이신 것들이다. 결코 명령이 아니다.

당신은 십자가의 그리스도가 내주하시도록 성령이 당신을 완전히 소유하시기를 갈망하는가? 이것이 정확히 주님이 자신을 내어주신 목적이다. 주님은 자신을 주께 드리는 모든 사람들 안에서 이를 분명히 성취하실 것이다.

둘째, 승천하신 자로서 예수님이다.

성경은 종종 그리스도를 죽음에서 살아나게 하신 하나님의 경이로운 능력과 관련해 부활을 언급한다. "그의 힘의 위력으로 역사하심을 따라 믿는 우리에게 베푸신 능력의 지극히 크심이 어떠한 것을 너희로 알게 하시기를 구하노라. 그의 능력이 그리스도 안에서 역사하사 죽은 자들 가운데서 다시 살리시고"(엡 1:19-20). 이 말씀을 너무 빨리 읽고 지나치지 마라. 다시 돌아가서 한 번 더 읽어보라. 당신이 아무리 스스로 힘없고 연약하다고 느낄지라도 전능하신 하나님의 능력이 당신 안에서 역사하고 있음을 인정하라. 이를 믿기만 하면 하나님은 날마다 그 아들의 부활의 능력을 당신에게 공급해 주실 것이다.

그렇다. 성령은 이 세상의 심판과 유혹의 한가운데에서도 당신의 일상을 능력으로 그리스도의 부활과 기쁨과 승리로 가득 채울 수 있다. 십자가로 하여금 당신을 죽기까지 낮아지게 하라. 하나님이 그분의 성령을 통해 당신 안에 있는 영원한 생명이 역사하게 하실 것이다. 우리로 하여금 십자가에 못 박히시고 다시 살아나신 그리스도에 참여한 자가 되게 하는 것과 그분의 생명과 죽음을 확증하게 하는 것이 완전히 성령의 일임을 우리는 얼마나 간과하고 있는가!

셋째, 영광 받으신 자로서 예수님이다.

영광 받으신 그리스도는 성령으로 세례를 받은 자이다. 주 예수님이 친히 성령으로 세례를 받으셨던 것은 이에 앞서 요단강에서 자신을 낮추시고 요한의 회개의 세례, 즉 죄인들을 위한 세례에 자신을 내주셨기 때문이다. 더욱이 예수님은 사람들을 회개하게 하는 사명을 맡으셨을 때부터 십자가에서 하나님 앞에 흠 없는 자로 자기 자신을 드렸던 그 시간까지 그 일을 하는 데 합당하게 되기 위해 성령을 받으셨다. 당신은 영광 받으신 그리스도가 당신에게 성령의 세례를 베푸시기 원하는가? 그러면 주님의 섬김을 위해, 더 나아가 죄인들에게 아버지의 사랑을 알리는 주님의 위대한 일을 위해 당신 자신을 드리라.

하나님은 영광 받으신 예수님으로부터 능력과 함께 세례를 받는 것이 얼마나 위대한 일인지 깨닫도록 우리를 도우신다. 그것은 주를 위해 일하려는 것, 그리고 필요하다면 주를 위해 고통을 받는 일에 자원하려는 의지와 영혼의 갈망을 의미한다. 당신은 주님을 알아왔고 사랑해 왔으며, 그분을 위해 일했고, 그 일로 인한 축복을 받았지만 주님은 우리에게 그 이상의 것을 주고자 하신다. 주님은 성령의 능력으로 우리 안에서, 우리 주위의 형제 안에서, 교회 사역자들 안에서 일하시고 우리 마음을 주를 경외하는 사랑으로 채우게 하신다.

당신은 이 진리를 붙들었는가? 풍성한 삶은 성령으로 세례를 받고 자기 자신을 우리의 마음속에 드러내시고 우리 안에서 만유의 주로 사시는 그리스도의 못 박히심과 살아나심과 영광 받으심의 풍성한 생명, 그 이상도 이하도 아니다.

얼마 전, 이런 글을 읽었다. "꼭 이루어져야 한다는 소망 안에서 살아라." 당신의 인간적인 생각으로 가능하다고 하는 한계 속에 살지 마라. 말씀 안에서 살아라. 예수 그리스도의 사랑과 무한한 신실하심 안에 살아라. 비록 느리게 진행되고 많은 장애가 있더라도 경험이 아닌 의지할 수 있는 약속으로 늘 주님께 감사하는 믿음은 날마다 당신의 힘을 강하게 할 것이다. 하나님이 우리 안에서 그분의 일을 완전히 이루신다는 축복의 확신을 더하게 할 것이다.

08

주님의 모범

신약 전체에 나타난 하나님의 섭리는
모두 예수님의 기도의 결과이다.

기도 생활과 영적 생활의 관계는 밀접하고도 영속적이다. 우리는 기도를 통해 성령을 받는다. 뿐만 아니라 영적인 생활은 지속적인 기도의 삶을 절대적으로 요구한다. 내가 끊임없이 기도에 헌신할 때만이 끊임없이 성령의 지배를 받을 수 있다. 이것은 우리 주님의 삶에서도 명백히 드러난다. 주님의 삶을 연구한다면 우리는 기도의 권능과 거룩함에 관한 놀라운 통찰력을 가지게 될 것이다.

예수님의 세례를 생각해 보라. 주님이 세례를 받고 기도하실 때 하늘이 열리고 성령이 임했다. 요단강에서 몸소 죄인의 세례를 받으신 주님은 죄인의 죽음에도 자신을 내주셨다. 하나님은 자기 자신을 내준 예수님에게 그가 성취해야 하는 사역을 위해 성령의 선물이라는 영광으로 둘러주기를 원하셨다. 그러나 만일 예수님이 기도하지 않으셨다면 이런 일은 일어나지 않았을 것이다. 예수님이 하나님과 교제할 때 성령이 그를 광야로 인도하셨고, 거기서 주님은 기도와 금식으로 40일을 보내셨다.

또한 마가복음 1장 32~35절에는 다음과 같이 기록되어 있다. "저물어 해 질 때에 모든 병자와 귀신 들린 자를 예수께 데려오니 온 동네가 그 문 앞에 모였더라. 예수께서 각종 병이 든 많은 사람을 고치시며 많은 귀신을 내쫓으시되 귀신이 자기를 알므로 그 말하는 것을 허락하지 아니하시니라. 새벽 아직도 밝기 전에 예수께서 일어나 나가 한적한 곳으로 가사 거기서 기도하시더니."

밤낮으로 일하신 예수님은 지치고 피곤하셨다. 병든 사람을 치료하고 마귀를 쫓아내실 때 그분에게서 권능이 나갔다. 그래서 다른 사람들이 잠자고 있을 때 그분은 하나님과 연합 속에서 힘을 새롭게 하기 위해 기도의 자리로 나가셨다. 그분에게는 이 시간이 필요했다. 그렇지 않으면 다음날을 위해 준비되지 못했을 것이다. 영혼을 구원하는 거룩한 일은 지속적으로 하나님과 교제를 새롭게 하는 것을 요구한다.

누가복음 6장 12~13절에 기록된 예수님이 제자들을 부르시는 모습을 다시 생각해 보라. "이 때에 예수께서 기도하시러 산으로 가사 밤이 새도록 하나님께 기도하시고 밝으매 그 제자들을 부르사 그 중에서 열둘을 택하여 사도라 칭하셨으니." 누구든지 하나님의 일을 하기 원한다면 그 지혜와 힘을 얻기 위해 하나님과 교제의 시간을 가져야 하는 것이 분명하지 않은가? 우리가 의존적이고 나약하다는 것은 하나님께 그 권능을 나타내실 기회를 열어드려야 한다는 증거이다. 그리스도의 사역에서 초기 교회를 위해, 그리고 모든 사람들을 위해 제자들을 선택하는 일이 얼마나 중요했겠는가? 그 일에는 하나님의 축복과 보증, 즉 기도의 도장이 찍혀 있었다.

누가복음 9장 18절과 20절을 읽어보라. "예수께서 따로 기도하실 때에 제자들이 주와 함께 있더니 물어 이르시되 무리가 나를 누구라고 하느냐. …예수께서 이르시되 너희는 나를 누구라 하느냐 베드로가 대답하여 이르되 하나님의 그리스도시니이다 하니." 주님은 아버지께서 제자들에게 자신이 누군지 나타내 주시기를 기도하셨다. 베드로가 "하나님의 그리스도시니이다"라고 말한 것은 그 기도의 응답이었다. 그 후 주님이 말씀하셨다. "이를 네게 알게 한 이는 혈육이 아니요, 하늘에 계신 내 아버지시니라"(마 16:17). 이 위대한 고백은 바로 기도의 열매였다.

누가복음 9장 28~35절을 읽어보라. "예수께서 베드로와 요한과

야고보를 데리고 기도하시러 산에 올라가사 기도하실 때에 용모가 변화되고 그 옷이 희어져 광채가 나더라. …구름 속에서 소리가 나서 이르되 이는 나의 아들, 곧 택함을 받은 자니 너희는 그의 말을 들으라 하고." 그리스도는 제자들의 믿음을 굳건하게 하기 위해 하나님이 하늘로부터 자신이 하나님의 아들임을 제자들에게 확신시켜 주시기를 바랐다. 제자들을 위해서 뿐만 아니라 우리 주님을 위해 구하신 그 기도의 응답으로 변화산상에서 일어난 일은 무엇인가?

이제 하나님이 이 땅에서 이루고자 하시는 일들을 위해 그 절대적인 조건으로 기도가 필요하다는 사실이 더욱 분명해지지 않았는가? 그리스도와 모든 성도들에게는 한 가지 방법밖에 없다. 믿음의 기도를 드릴 때 하늘을 향해 열려진 마음과 입은 분명 부끄러움에 처하지 않을 것이다.

누가복음 11장 1~3절을 읽어보라. "예수께서 한 곳에서 기도하시고 마치시매 제자 중 하나가 여짜오되 주여 요한이 자기 제자들에게 기도를 가르친 것과 같이 우리에게도 가르쳐 주옵소서." 그래서 주님은 제자들에게 영원히 다함이 없는 기도를 가르쳐 주셨다. "아버지여 이름이 거룩히 여김을 받으시오며." 주님은 제자들에게서 하나님의 이름이 높이 여김을 받고, 그분의 나라가 임하고, 그분의 뜻이 이루어지기를 기도하시며 마음속에 있던 바를 보여주셨다. "하늘에서 이루어진 것 같이 땅에서도 이루어지이다." 이런 일이 어떻게 일어날 수 있는가? 바로 기도를 통해서이다. 이 기도는 시대를 거치는 동안 무수한 사람들에 의해 읊조려졌으며, 말할 수 없는 평안을 주었다. 그러나 이 기도는 우리 주님의 기도로부터 탄생된 것임을 잊지 마라. 주님이 계속 기도해 오셨기에 이 영광스러운 대답을 해주실 수 있었다.

요한복음 14장 16절은 말한다. "내가 아버지께 구하겠으니 그가 또 다른 보혜사를 너희에게 주사 영원토록 너희와 함께 있게 하리니." 신약 전체에 나타난 하나님의 섭리는 성령을 부어주는 놀라운 선물과 함께 전부 예수님의 기도의 결과이다. 비록 하나님이 성령의 선물이라는 보증을 해주셨지만 주 예수님과 후에 그 제자들의 기도의 응답을 인해서도 성령은 분명히 올 예정이었다. 우리 주님의 기도처럼 하나님과 홀로 있는 시간을 가지고, 자기 자신을 온전히 하나님께 헌신하는 기도는 분명히 응답될 것이다.

요한복음 17장에 나타난 제사장의 지극히 거룩한 기도를 읽어보라. 성자 예수는 아버지께서 자신에게 십자가에 오를 수 있는 힘을 주시고, 죽음에서 다시 일으키시며, 보좌의 우편에 앉게 하심으로 자신을 영화롭게 해 달라고 처음으로 스스로를 위해 기도하셨다. 이 위대한 일들은 기도를 통하지 않고는 일어날 수 없었다. 기도는 이 모든 것을 얻을 수 있는 능력을 가지고 있었다.

그런 후에 예수님은 제자들을 위해 아버지께서 그들을 악한 자에게서 보호해 주시고, 이 세상으로부터 지켜주시며, 거룩하게 해주시기를 간구하셨다. 더 나아가 제자들의 전도로 하나님을 믿게 될 모든 자들을 위해 아버지와 아들이 하나이듯 그들도 하나가 되게 해 달라고 기도하셨다. 이 기도는 성부 하나님과 성자 사이의 놀라운 관계를 넌지시 알려준다. 그것은 하나님의 우편에 계신 자가 우리를 위해 항상 기도하는 그 기도를 통해 모든 축복이 오며, 앞으로도 올 것이라는 것이다. 그러나 그것은 또한 모든 축복이 우리에 의해서도 같은 방법으로 구해져야 함을 가르친다. 하나님의 축복은 그 모든 본질과 영광이 온전히 주께 굴복한 심령으로 기도의 능력을 믿는 믿음을 가지고 드리는 기도의 응답으로 얻어져야 한다.

이제 우리는 가장 주목할 만한 모범을 보게 된다. 겟세마네에서 주님이 지속적인 습관을 따라 자신이 이 땅에서 이루셔야 하는 일들을 아버지와 기도로 상의하시는 모습이다. 먼저 주님은 번민 속에서 피처럼 쏟아지는 땀으로 자신에게서 이 잔이 지나가게 하시기를 간구하셨다. 그러나 그렇게 될 수 없음을 깨달았을 때 그 잔을 마실 수 있는 힘을 주시기를 기도하셨고, "당신의 뜻이 이루어지이다"라고 말씀하심으로써 자기 자신을 복종시키셨다. 주님은 용기

충전해 적과 맞서실 수 있었으며, 하나님의 능력으로 자신을 십자가의 죽음에 내놓으실 수 있었다. 그분이 기도하셨기 때문이다.

하나님의 자녀들은 왜 자신의 나약함에도 불구하고 하나님의 일을 수행해 나가는 일을 위한 자신감뿐 아니라 자신의 뜻을 하나님의 뜻에 굴복시키는 위대한 힘을 얻기 위해 기도의 영광 속에 들어가려는 믿음이 그토록 부족한 것인가? 영원히 살아 계신 영적인 생명과 권능의 원천이신 하나님과 면밀하고 지속적인 관계없이 하나님과 동행하고 그분의 축복이나 인도하심을 받는 일이 얼마나 불가능한지 우리 주님으로부터 배우라.

우리 주 예수의 기도 생활에 관한 이 간단한 연구를 다시 숙고하라. 그리고 성령의 인도를 구하는 기도로써 주 예수 그리스도가 모든 그리스도인에게 주고자 하시고, 지지해 주시는 삶이 어떤 것인지 하나님의 말씀으로부터 배우려고 노력하라. 그것은 매일의 기도 생활 이상이 아니다. 특별히 모든 사역자가 우리 주님의 일을 하려고 할 때 주가 하셨던 방식이 아닌 다른 방법으로 시도하는 것이 얼마나 무익한지 깨닫도록 하라. 우리는 하나님의 자녀로서 이 세상의 일상적인 일들로부터 자유로우며, 따라서 우리 구원자의 이름으로 그분의 성령과 함께, 그분과 하나 되어 세상을 위한 축복을 구하는 일을 무엇보다 우선할 수 있는 시간을 가질 수 있음을 믿으라.

09

성령과 기도

모든 기도의 최고의 교훈은 당신 스스로를 성령의 인도하심에
맡기고 그분을 가장 우선순위에 두는 것이다.

우리가 성령에 대해 생각할 때 종종 슬픔이나 자기 비난과 연상
시킨다는 사실이 슬프지 않은가? 그러나 성령은 위로자라는 이름
을 감당하고 있으며, 우리가 그리스도 안에서 가장 큰 기쁨과 즐거
움을 찾을 수 있도록 인도해 주신다. 더 슬픈 사실은 우리를 위로하
기 위해 우리 안에 거하시는 성령이 종종 우리가 사랑의 사역을 성
취하는 일을 그분께 맡기지 않기 때문에 탄식하신다는 것이다. 교
회조차도 기도하지 않음으로 인해 성령께 얼마나 형언할 수 없는
고통을 드리고 있는가! 성령이 우리를 인도하시도록 허락하지 않
음으로써 우리에게서 활기가 사라지고 철저한 무력함에 이르게 되

었다.

　하나님은 우리가 성령의 사역을 묵상할 때 기쁨이 샘솟고 믿음이 강건해진다고 말씀하신다. 성령은 '기도의 영'이다. 스가랴 12장 10절을 보면 그분은 분명히 "은총과 간구하는 심령"이라는 이름으로 불렸다. 놀랍게도 바울 서신에서는 두 번이나 성령을 기도와 관련해 언급하고 있다. "너희는 다시 무서워하는 종의 영을 받지 아니하고 양자의 영을 받았으므로 우리가 아빠 아버지라고 부르짖느니라"(롬 8:15). "너희가 아들이므로 하나님이 그 아들의 영을 우리 마음 가운데 보내사 아빠 아버지라 부르게 하셨느니라"(갈 4:6).

　'아빠 아버지'라는 말을 묵상해 본 적이 있는가? 우리 주님은 바로 그 이름에 자신의 생명과 사랑을 헌신하셨고, 온전히 굴복해 아버지께 가장 위대한 기도를 올려드렸다. 성령은 우리가 그리스도인으로서 삶을 시작한 그 순간부터 어린아이 같은 믿음과 순종으로 그 표현을 할 수 있도록 가르쳐 주는 것을 목적으로 주어졌다. 말씀 가운데 우리는 "우리가 부르짖느니라" 혹은 "그가 부르짖는다"라는 구절을 읽게 된다. 인간과 신이 기도로 얼마나 멋지게 조화된 모습인가. 어린아이가 이 세상의 아버지에게 하듯이 우리가 '아빠 아버지'라고 부를 수 있는 것은 기도를 자연스럽고 효과적으로 만드시기 위한 하나님의 최고의 노력을 보여주는 증거이다.

이처럼 하나님이 노력하셨음에도 불구하고 교회 안에서 기도가 하나의 일이요, 짐으로 여겨진다면 우리가 성령을 이방인으로 만든다는 증거가 아닌가? 우리에게 기도를 가르치시기 위해 하나님이 보내신 신령한 교사를 무시하고 불순종했다는 사실이 기도하지 않는 죄의 깊은 뿌리임을 깨닫게 하지 않는가?

이 사실을 더욱 명확하게 이해하고 싶다면 로마서 8장 26~27절을 보라. "이와 같이 성령도 우리의 연약함을 도우시나니 우리는 마땅히 기도할 바를 알지 못하나 오직 성령이 말할 수 없는 탄식으로 우리를 위하여 친히 간구하시느니라. 마음을 살피시는 이가 성령의 생각을 아시나니 이는 성령이 하나님의 뜻대로 성도를 위하여 간구하심이니라." 분명하지 않은가? 그리스도인이 스스로를 방치해 버리면 기도하는 방법도, 어떻게 기도해야 할지도 모르게 된다. 그러나 하나님은 우리를 만나시기 위해 허리를 굽히시고 성령을 보내주셔서 무력함 가운데 있는 우리를 위해 간구하게 하셨다. 성령의 역사는 우리의 생각이나 감정보다 더욱 심오하지만 하나님에 의해 인정되고 응답된다.

그러므로 우리가 먼저 해야 할 일은 무지한 기도가 아니다. 많은 말들과 생각도 아니다. 오직 성령의 거룩한 역사가 우리 안에서 실행되고 있다는 확신으로 하나님의 임재 앞에 나가는 것이다. 이 확신은 경외감과 평온함을 더할 뿐 아니라 우리로 성령이 주시는 도움에 의존해 모든 갈망과 마음의 소원을 하나님 앞에 내려놓도록 해준다. 모든 기도의 최고의 교훈은 당신 스스로를 성령의 인도하심에 맡기고 온전히 의지한 채 그분을 가장 우선순위에 두는 것이다. 당신의 기도는 성령을 통해 상상하지도 못할 만큼의 가치를 가지게 될 것이다. 그분을 통해 그리스도의 이름으로 당신의 소원을 말할 수 있는 법을 배우게 될 것이다.

이 믿음은 우리가 기도의 자리에서 무감각과 실망에 맞설 수 있는 얼마나 큰 보호 장치가 될 것인가? 생각해 보라! 모든 기도에서 삼위일체의 하나님이 그 역할을 감당하신다. 성부 하나님은 우리의 기도를 들으시고, 성자 하나님의 이름으로 기도하고, 성령 하나님은 내주하셔서 우리를 위해 기도하신다. 우리가 성령과 올바른 관계를 가지고 그분의 사역을 이해하는 것은 얼마나 중요한가! 다음 사항들을 진지하게 고려해 볼 필요가 있다.

첫째, 하나님의 아들의 영, 성령이 우리 안에 거하신다는 신성한 사실을 굳게 믿자.

당신이 이미 알고 있는 사실이며, 재고해 볼 필요도 없다고 넘겨짚지 마라. 이것은 매우 위대하고 신령한 사실이기에 우리의 마음

문을 열 수 있고, 오직 성령에 의해 이를 계속 마음속에 간직할 수 있다. "성령은 우리 영의 증인 역할을 감당하신다." 우리의 본분은 우리가 성령의 전이며, 성령이 거하셔서 영혼과 육체를 다스리신다는 믿음의 완전한 확신 가운데 있는 것이다. 기도할 때마다 기도를 가르치시는 성령이 우리 안에 거하신다는 사실에 진심으로 감사하자. 감사는 우리의 마음을 하나님께로 이끌고, 주님과 계속 연합한 가운데 있게 할 것이다.

우리가 영원한 하나님과 교제를 하면서 아버지와 아들을 나타내시는 하나님의 영을 별개로 생각한다면 기도가 너무 무겁게 느껴지고, 마침내 기도하지 않게 되는 것이 당연하다.

둘째, 성령이 내주하시고 역사하심을 확신하는 가운데 믿음을 실행으로 옮길 때 그분이 우리 안에서 성취하고자 하시는 모든 일을 분명히 이해하게 된다.

성령의 기도 사역은 그분의 다른 사역과도 긴밀히 연결되어 있다. 이미 우리는 성령의 가장 우선적이고도 위대한 사역이 그리스도의 무소부재한 사랑과 능력을 나타내는 일임을 알아보았다. 그러기에 성령은 우리가 기도할 때 그 기도가 상달되고 있음을 분명히 보여주는 근거로 그리스도와 그분의 보혈과 이름을 지속적으로 깨닫게 하신다.

성령은 성결의 영으로서 우리로 죄를 깨닫고 미워하고 죄와 결별하도록 인도하실 것이다. 성령은 빛과 지혜의 영으로 우리를 하나님의 넘치는 은혜의 기쁜 비밀로 이끌어 주신다. 또한 성령은 사랑과 능력의 영으로 우리로 그리스도의 증인이 되도록 가르치시며, 영혼들을 위해 온화한 연민으로 일하게 하신다. 우리가 이 모든 축복을 성령과 함께 더 가까이 공유할 때마다 그분의 신성을 더 많이 확신하게 될 것이며, 기도에 헌신해 우리 자신을 그분의 인도하심에 더 많이 맡길 준비가 될 것이다. 성령을 기도의 영으로 깨달을 때 나의 삶은 얼마나 달라질 것인가! 나는 바로 다음의 사실을 지속적으로 깨달을 필요가 있다.

셋째, 성령은 나의 삶을 온전히 소유하기 원하신다.

우리는 성령의 더 많은 임재를 위해 기도해야 한다. 성령이 나를 더 많이 원하신다는 사실을 확신하기 위해 충분히 기도해야 한다. 성령은 나를 완전히 소유하고자 하신다. 나의 영혼이 거하고 섬길 장소로 내 몸 전체를 소유하려 하듯 성령도 거할 장소로 내 온몸과 영혼을 완전히 그분의 지배 아래 두기 원하신다. 성령이 우리를 전에 전혀 알지 못했던 완전히 새로운 성화의 자리로 온화하게 인도하고 계신다는 사실을 지각하기 전까지 그 누구도 오랫동안 열정적인 기도를 지속할 수 없다. "나는 온 마음을 다해 당신을 구합니다." 성령은 이 모토를 점점 더 우리 삶의 모토로 만드실 것이다. 그분은 우리가 두 마음으로 지내는 것이 사실상 죄임을 인식하게 하실 것이다. 그분은 우리의 모든 죄를 사하시는 전능한 구원자로서 그리스도가 항상 우리 가까이 계시다는 것을 나타내실 것이다. 그분은 기도를 통해 그렇게 인도하실 것이다. 그분은 우리 자신을 잊어버리도록 도와주실 것이다.

하나님은 이 모든 계획을 실행에 옮기시고, 그 교회의 원수를 보복하도록 밤낮으로 부르짖는 일을 맡을 만한 중보자로서 우리가 훈련되는 일에 헌신하게 만드실 것이다. 하나님은 우리가 성령을 알고, 그를 기도의 영으로 경외하도록 도우신다!

10

죄

죄의 위력은 사람들의 눈을 어둡게 해
죄의 본질을 인식하지 못하도록 만드는 것이다.

은혜를 이해하기 위해, 그리스도를 올바르게 이해하기 위해 우리는 죄가 무엇인지 이해해야 한다. 어떻게 죄를 이해할 수 있는가? 하나님과 말씀의 빛을 통해서만 가능하다.

성경의 첫 장으로 가보자. 인간은 하나님의 형상대로 하나님에 의해 창조되었고, 심히 좋았더라는 말씀을 들었다. 그 후에 하나님에 대한 반역으로 죄가 들어왔다. 아담은 낙원에서 쫓겨났고, 막대한 수의 다음 세대까지 저주와 파멸이 함께 선포되었다. 이 모든 것은 죄의 작용이었다. 이제 죄의 본성과 힘을 알아보자.

조금 나아가 아라랏 산에서 노아의 방주를 보자. 하나님은 사람들 사이에 죄악이 너무나 가득해서 그 땅을 멸하실 수밖에 다른 도리가 없다고 여기셨다. 이것 역시 죄의 작용이었다.

시내 산으로 가보자. 하나님은 이스라엘 민족과 함께 언약을 세우려고 하셨다. 그러나 인간들의 죄악으로 인해 불 가운데, 구름 가운데, 흑암 가운데 나타나셔서 언약을 행하실 수밖에 없었다. 그 두려움으로 인해 모세는 "내가 심히 두렵고 떨린다"라고 말했다. 모세가 율법을 전해받기 전에 마지막으로 무시무시한 메시지가 들려왔다. "누구든지 율법 책에 기록된 대로 모든 일을 항상 행하지 아니하는 자는 저주 아래에 있는 자라"(갈 3:10). 이것을 가능하게 한 것도 죄였다.

이번에는 나와 함께 갈보리로 가보자. 그곳에서 죄의 본질과 하나님의 아들을 배척하고 십자가에 못 박은 이 세상의 증오와 적의가 드러날 것이다. 이 세상의 죄는 갈보리에서 절정에 이르렀다. 그리스도는 죄를 파멸할 유일한 방법으로 하나님에 의해 저주를 받고 죄 있는 모양이 되었다. 주님이 이 무서운 잔을 마시지 않게 해주기를 기도하셨던 겟세마네의 고통과 십자가 위에서 "나의 하나님, 나의 하나님, 어찌하여 나를 버리셨나이까?"라고 부르짖으며 버려진 바 되었다는 깊은 흑암의 고통에서 우리는 죄가 가져오는 저주와 형언할 수 없는 고통을 어렴풋이나마 깨닫는다. 우리가 죄를 미워하고 거리끼게 하는 무엇이 있다면 그것은 바로 십자가 위의 그리스도이시다.

다음으로 최후의 심판 날의 심판 자리로 가보자. 셀 수 없이 많은 영혼들이 "나로부터 떨어져서 저주를 받아 꺼지지 않는 불에 들어가리라"는 판결을 받고 어둠의 무저갱으로 꼬꾸라질 것이다. 이 말들이 정말 우리의 가슴을 찌른다면 이제 절대 잊을 수 없는 공포로 우리를 사로잡는 이 죄를 완전한 증오로 미워할 수 있을 것인가?

죄가 무엇인지 이해하게 하는 다른 어떤 것이 또 있는가? 내면으로 눈을 돌려 당신의 마음속을 들여다보라. 그러면 거기에 죄가 있을 것이다. 당신이 이미 알아왔던 죄로 말미암은 모든 증오와 불경건은 당신의 마음속에 있는 죄가 드러내고 노출시키는 것이 무엇인지 알게 한다. 바로 하나님을 향한 모든 적의와 인간의 모든 파괴와 증오의 모든 속성 등이다. 이 모든 것이 당신이 저지른 죄 속에 숨겨져 있으며, 여전히 마음속에 도사리고 있다. 당신이 하나님의 자녀임을 기억하라. 그럼에도 당신은 때때로 죄를 범한다. 죄가 그 욕망을 채우도록 허락한다. 당신은 수치 속에 이렇게 부르짖고 싶은 압박을 느끼지 않는가? "죄로 인해 나에게 화로다." "내게서 떠나소서. 오, 주여! 나는 죄인이로소이다."

죄의 한 가지 위력은 사람들의 눈을 어둡게 해 죄의 본질을 인식하지 못하도록 만드는 것이다. 그리스도인 스스로도 절대 완전해질 수 없다는 생각을 핑계 삼아 죄짓는 것이 당연하다고 여긴다. 인간은 죄를 짓는데 너무나 익숙해져서 죄로 인해 통곡하는 힘과 능력을 거의 잃어버렸다. 하나님을 거스른 모든 불순종에 관한 죄의식 없이는 진정한 은혜도 있을 수 없다. 또한 이보다 중요한 질문이 있을 수 없다. "어떻게 하면 잃어버렸던 죄의 분별력을 회복하고, 하나님께 진정으로 상한 심령을 올려드릴 수 있을까?"

성경은 그 방법을 가르쳐 준다. 하나님이 죄를 어떻게 생각하시는지 기억하라. 그분의 거룩함은 죄를 불타도록 미워하시며, 죄를 정복하고 우리를 죄의 권세에서 해방시키기 위해 중대한 희생을 하실 정도로 싫어하신다. 하나님의 거룩함이 당신 위에 비칠 때까지 그분의 임재 속에서 기다리라. 그러면 당신은 이사야처럼 외치게 될 것이다. "화로다. 나여, 망하게 되었도다!"

십자가를 기억하고 그리스도의 사랑이 죄로 말미암아 형언할 수 없는 고통 속에 견뎌야 했음을 생각하라. 그 사랑이 "내가 미워하는 이 진절머리 나는 것을 행하지 마라"고 말하는 목소리에 귀를 기울이라. 시간을 들여 십자가의 보혈과 사랑이 그 영향력을 가득히 행사하게 하라. 죄는 사탄과 그의 권세에게 손을 들어주는 것이나 다름없다. 죄에 관한 깊은 지식이 거의 사라진 이유는 우리가 기도하지 않음과 하나님 앞에서 기다리지 못하고 성급했던 것의 끔찍한 결과가 아닌가?

그리스도가 구원을 위해 어떤 끔찍한 대가를 치르셔야 했는지를 생각하라. 그리스도의 희생으로 인해 성령에 의해 하나님의 용서와 깨끗케 하심과 새롭게 하심이라는 측량할 수 없는 은혜의 선물이 왔다는 사실을 기억하라. 그 사랑을 어떻게 갚아야 하는지 여쭤 보라. 하나님의 임재 속에 머물며 이 질문을 할 만큼의 시간만 들인다면 하나님의 영이 우리 안에 죄에 관한 자각심을 일깨워 주실 것이다. 그분은 우리가 완전히 새로운 관점을 가지도록 가르치실 것이며, 죄에 관해 새로운 태도를 가지게 하실 것이다. 이런 생각이 우리 마음속에 일어난다면 우리는 그리스도의 능력으로 매일 그분이 십자가 위에서 이루신 죄에 관한 위대한 승리에 동참하고, 그 승리를 삶 속에 나타낼 수 있다.

당신의 생각은 어떤가? 기도하지 않는 죄가 가진 영향력이 당신이 처음에 가지고 있던 생각보다 더 끔찍하다는 것을 깨닫게 되었는가? 조급하게 피상적으로만 하나님과 교제함으로 인해 죄에 관한 감각이 너무 둔해지면 죄를 미워하고 그것으로부터 피하는 힘을 가질 만한 어떤 동기도 생겨날 수 없다. 지속적으로 겸손하게 하나님과 은밀한 교제를 가지는 것 외에 그 무엇도 당신을 자녀로서 하나님이 원하시는 바만큼 죄를 미워하도록 만들 수 없다. 우리가 죄를 깊이 이해하지 않고서는 예수 그리스도가 가능하게 만드신 승리에 합당하게 되거나 성령에 의해 당신 안에서도 승리의 역사가 일어나게 할 수 없다.

"오, 나의 하나님. 저로 저의 죄를 알게 하시고, 당신의 성령이 당신의 거룩하심을 저의 위에 머물게 하실 때까지 잠잠히 기다리게 하소서! 저의 죄를 깨닫게 도우소서! '주와 동행하는 자는 죄를 짓지 않으리라.' 당신의 이 약속에 귀 기울이게 하소서. 당신으로부터 충만함을 기대하도록 도우소서!"

11

하나님의 거룩하심

우리가 하나님의 거룩하신 영광 속에
들어갈 시간을 갖지 않는다면 어떻게
하나님이 우리를 거룩하게 하실 수 있겠는가?

우리는 종종 교회 안에서 죄와 하나님의 거룩하심에 관한 개념
이 잊혀졌다는 말을 듣는다. 우리는 하나님의 거룩하심을 우리의
신앙과 삶의 본래 위치로 회복하는 방법을 기도의 비밀한 자리에
서 깨닫게 될 것이다. 만약 당신이 기도로 30분도 어떻게 보내야
할지 모른다면 하나님의 거룩하심이라는 주제를 선택하라. 그 앞
에 엎드리라. 당신 자신에게, 또한 하나님께 시간을 드리면 그분과
당신은 서로 만나게 될 것이다. 쉽지 않겠지만 그 수고로 인해 커다
란 축복이 뒤따를 것이다.

하나님의 거룩한 임재를 경험하는 일에 익숙해지기 위해 거룩한

말씀을 선택하라. 레위기를 펼쳐 하나님이 왜 다섯 번이나 다음과 같은 명령을 하셨는지 주목하라. "내가 거룩하니 너희도 거룩할지어다"(11:44, 45, 19:2, 20:7, 26). 이보다 더 많이 나오는 말씀은 "나는 너희를 거룩하게 하는 여호와라"이다. 이 위대한 말씀은 신약에도 전달되었다. 베드로는 말했다. "너희도 모든 행실에 거룩한 자가 되라. 기록되었으되 내가 거룩하니 너희도 거룩할지어다 하셨느니라"(벧전 1:15-16). 바울은 그의 첫 번째 서신에서 이렇게 썼다. "주 예수께서 그의 모든 성도와 함께 강림하실 때에 하나님 우리 아버지 앞에서 거룩함에 흠이 없게 하시기를 원하노라"(살전 3:13). "하나님이 우리를 부르심은 부정하게 하심이 아니요 거룩하게 하심이니"(살전 4:7). "너희를 부르시는 이는 미쁘시니 그가 또한 이루시리라"(살전 5:24).

하나님을 거룩한 분으로 아는 지식만이 우리를 거룩하게 만들 것이다. 우리가 기도의 자리에서 홀로 하나님을 만나지 않고 어떻게 하나님에 대한 지식을 얻을 수 있겠는가? 하나님의 거룩하심이 우리 위에 머물도록 시간을 내지 않는다면 그것은 완전히 불가능하다. 만약 어떤 사람이 한 저명한 현자와 시간을 함께 보내고 그의 영향 아래 있지 않다면 어떻게 그를 친밀히 아는 지식을 가질 수 있겠는가? 우리가 하나님의 거룩하신 영광 속에 들어갈 시간을 가지지 않는다면 어떻게 하나님이 우리를 거룩하게 하실 수 있겠는가? 기도의 골방 외에 어떤 장소에서도 하나님의 거룩하심을 알고, 그분의 영향과 권능 아래 들어갈 수 없다. 다음과 같은 말이 있다. "자주 오랫동안 홀로 하나님과 함께 있는 시간을 가지지 않는 어떤 사람도 거룩함에 진보를 기대할 수 없다."

그렇다면 하나님의 거룩하심이란 무엇인가? 그것은 하나님의 모든 성품 중에 최고이며, 가장 영광스럽고도 모든 다른 성품을 포괄하는 것이다. 거룩함은 성경에서 가장 심오한 단어이다. 그것은 천국 본향에 있는 단어이다. 구약과 신약 모두 그것을 말한다. 이사야는 얼굴을 가린 스랍들이 외치는 소리를 들었다. "거룩하다 거룩하다 거룩하다 만군의 여호와여"(사 6:3). 요한은 네 생물들이 말하는 소리를 들었다. "거룩하다 거룩하다 거룩하다 주 하나님, 곧 전능하신 이여"(계 4:8). 이 말들은 하나님의 직접적인 임재 속에 살고, 그 앞에 절하는 존재들에 의해 나온 것으로 천국에서 하나님의 영광을 최상으로 표현한 것이다.

우리가 감히 생각이나 글로나 들음으로써 하나님의 거룩하심을 이해하거나 그 거룩함에 참여하게 되리라고 상상이라도 할 수 있는가? 어리석은 말이다! 우리에게 하나님을 홀로 만날 수 있는 개인적인 기도의 자리가 있음을 감사하자. 그곳에서 우리는 기도할 수 있다. "오, 주님! 당신의 거룩하심이 점점 더 저의 마음속을 비치게 하셔서 저도 거룩하게 하소서."

그리고 우리가 하나님의 거룩함이 우리 속에 부어지도록 기도하지 않았음을 깊이 수치스럽게 여기자. 우리의 이 죄를 용서해 주시고, 하나님의 거룩한 은혜로 우리를 가까이 이끄시고, 하나님과 거룩하신 주님과 교제를 가질 수 있는 강건함을 주시기를 열심히 기도하자.

'하나님의 거룩하심'이라는 말은 쉽게 설명되지 않는다. 그러나 우리는 이 말이 하나님이 죄를 형언할 수 없이 싫어하시고 혐오하신다는 사실을 내포하고 있음을 알 수 있다. 이 말이 무슨 뜻인지 이해하기 원한다면 하나님이 죄가 인간을 다스리게 하느니 차라리 아들을 죽게 하는 것을 선택하셨다는 사실을 기억하라. 하나님의 뜻에 대항하는 것이라면 아주 작은 일이라도 행하지 않으시고, 자신의 생명을 포기하셨던 예수님을 생각하라. 그분은 인간이 죄의 권세 아래 잡혀 있는 것보다 차라리 자신의 죽음을 선택할 만큼 죄를 미워하셨다.

하나님의 거룩하심에는 뭔가 특별한 것이 있다. 이는 그분이 당신과 나를 위해 우리를 죄에서 구원하는 일이라면 무엇이든 하실 것이라는 언약이다. 거룩함은 하나님의 불이므로 우리 안에 있는 죄를 태워 우리로 하여금 하나님 앞에 깨끗하고 받으실 만한 거룩한 제사가 되게 할 것이다. 이 때문에 성령이 불로서 내려왔다. 그분은 하나님의 거룩한 영이시며, 우리에게 내주하시는 성화의 영이시다.

하나님의 거룩하심을 생각하라. 그리고 하나님이 당신을 위해 행하실 일들에 관해 확신으로 가득 찰 때까지 그분 앞에 겸손히 엎드리라. "거룩하신 분, 하나님과 대화할 수 있는 것은 기도의 은밀한 자리의 영광이다. 지금까지 우리가 기도하지 않음으로 인해 하나님과 그분의 사랑을 심히 멸시해 왔기 때문에 깊은 겸손과 부끄러움을 가지고 엎드려야 한다." 당신 안에 이런 신념이 들 때까지 필요하다면 일주일이 걸리더라도 이 위대한 진리에 관한 하나님의 말씀을 읽고, 또 읽어라. 그러면 하나님이 우리를 다시 자신과 교제하는 자리로 이끌어 주신다는 확신을 얻을 것이다. 아무도 하나님과 자주 오랫동안 함께하지 않고 하나님의 거룩하심을 이해하거나 그에 동참할 수 없다.

누군가는 거룩함이란 하나님이 그분의 의로 인해 우리와 떨어질 수밖에 없는 이루 말할 수 없이 먼 거리이며, 동시에 그분이 그분의 사랑으로 인해 우리와 교제를 가지고 우리 안에 거하고자 하시는 이루 말할 수 없는 가까움이라고 했다. 당신과 하나님 사이의 측량할 수 없는 거리를 생각하면서 경외하는 마음으로 겸손히 엎드리라. 하나님의 사랑이 가장 깊은 친밀함으로 당신과 연합되기를 간절히 바라면서 어린아이 같은 믿음을 가지고 절하라. 그리고 하나님이 자신을 갈망하고, 자신을 기다리고, 그 앞에서 잠잠한 영혼에게 그분의 거룩하심을 나타내심을 깊이 신뢰하고 의지하라.

하나님의 거룩한 두 가지 속성이 십자가에서 어떻게 연합되었는지 주목하라. 우리의 죄에 관한 하나님의 진노와 화는 너무나 무서워서 그 죄가 그리스도께 전가되었을 때 하나님은 그 얼굴을 그리스도에게서 돌리셔야 했고, 그리스도는 짙은 흑암 속에 남겨지셔야 했다. 그러나 우리를 향한 하나님의 사랑은 너무 깊어서 그분의 아들을 아끼지 않고 말할 수 없는 고통에 넘겨주시기까지 우리와 연합되기를 원하셨다. 이로 말미암아 하나님은 그리스도와 연합된 우리를 받으시고, 그분의 거룩함에 이르게 하시고, 우리를 그분의 사랑하는 자녀로 품어주실 수 있었다. 우리 주 예수님은 고통을 받으시기 전 이렇게 말씀하셨다. "또 그들을 위하여 내가 나를 거룩하게 하오니 이는 그들도 진리로 거룩함을 얻게 하려 함이니이다"(요 17:19). 이처럼 주님은 우리의 거룩함이 되셨고, 우리는 그 안에서 거룩해졌다.

당신은 당신을 거룩하게 하기 원하시는 거룩하신 하나님을 소유했다. 나는 당신이 이 은혜를 너무 가볍게 생각하지 않기를 바란다. 하나님이 그 거룩함을 내려주시려고 당신에게 기도의 골방에서 조용하게 그분께 시간을 드리라고 부르시는 목소리에 순종하라. 그 비밀스러운 기도 방에서 거룩하신 하나님을 뵙는 일이 당신의 일상생활이 되게 하라.

그로 인해 희생해야 하는 것이 있다면 보상 받을 것이다. 그 보상은 분명하고 풍성하다. 당신은 죄를 미워하고, 그것을 저주스럽고 이겨내야 할 것으로 여기게 될 것이다. 새로운 본성은 당신으로 하여금 죄의 공포를 느끼게 할 것이다. 살아 계신 예수님, 거룩하신 하나님은 정복자로서 당신의 힘과 능력이 되실 것이다. 당신은 데살로니가전서 5장 23~24절에 나와 있는 위대한 약속을 믿게 될 것이다. "평강의 하나님이 친히 너희를 온전히 거룩하게 하시고… 너희를 부르시는 이는 미쁘시니 그가 또한 이루시리라."

12

순종

순종함이 아니고서야 어떻게 우리 자신을
그분께 완전히 굴복시킬 수 있는가.

죄의 반대는 순종이다. "한 사람이 순종하지 아니함으로 많은 사람이 죄인 된 것 같이 한 사람이 순종하심으로 많은 사람이 의인이 되리라"(롬 5:19). "죄로부터 해방되어 의에게 종이 되었느니라"(롬 6:18). 죄, 새로운 생명, 성령을 받음에 관해 지금까지 말해온 모든 것과 관련해 우리는 항상 하나님이 정해주신 자리에서 순종해야 한다.

하나님은 그리스도가 자신을 낮추고 죽음에, 십자가 위에서 죽는 것에 순종했기 때문에 그를 지극히 높이셨다. 이와 관련해 바울은 우리에게 다음과 같이 권면한다. "너희 안에 이 마음을 품으라.

곧 그리스도 예수의 마음이니"(빌 2:5). 우리는 다른 무엇보다도 먼저 하나님을 그렇게 기쁘시게 해드렸던 그리스도의 순종이 우리의 기본적인 성품이 되게 하고, 전 생애의 태도가 되게 해야 한다. 마치 종이 자신의 주인에게 순종하는 것을 다른 무엇보다 우선해야 함을 알고 있듯이 무조건적이고 확실하게 순종하는 것이 우리 삶의 본질적인 특징이 되어야 한다.

그런데 그리스도인들은 이것을 얼마나 편협하게 이해하고 있는가! 얼마나 많은 사람들이 스스로의 잘못된 판단으로 인해 죄가 불가피하다는 생각에 안주해 매일 죄를 짓고 사는가! 이 실수로 인해 저질러진 피해는 얼마나 큰지 이루 말할 수도 없다. 이 모든 것은 불순종이라는 죄가 그토록 간과되고 있는 주된 원인 중 하나이다. 언젠가 그리스도인들이 농담 반, 진담 반으로 무지함과 약함의 원인에 관해 다음과 같이 말하는 소리를 들었다. "그래, 또 불순종해서 그렇지 뭐." 만약 우리의 아랫사람이 습관적으로 불순종한다면 가능한 그를 빨리 내쫓으려고 할 것이다. 그러나 하나님의 자녀가 매일 불순종하는 것은 특별한 일로 간주되지 않는다. 불순종은 매일 벌어지지만 그럼에도 불구하고 우리는 방향을 돌리지 않는다.

이것이 성령의 능력을 구하는 수많은 기도가 드려지면서도 응답이 적은 이유이다. 우리는 "하나님이 그분의 성령을 순종하는 자에게 주셨다"라는 말씀을 읽지 않았는가! 하나님의 모든 자녀는 성령을 받았다. 만약 하나님의 자녀가 그가 받은 성령으로 주께 순종하고자 하는 명확한 목적을 가지고 있다면 하나님은 그에게 성령의 능력을 더욱 나타내시는 영광을 주실 수 있으며, 또 그렇게 하실 것이다. 반대로 그가 매일 불순종으로 일관한다면 성령을 더 부어 달라는 그의 기도가 응답되지 않더라도 별로 놀랄 필요가 없다.

이미 성령이 우리를 더 많이 소유하기 원하신다는 사실을 반드시 기억해야 한다고 말했다. 순종함이 아니고서야 어떻게 우리 자신을 그분께 완전히 굴복시킬 수 있는가! 성경은 우리가 성령의 인도를 받아 성령을 따라 걸어야 한다고 말씀한다. 나와 성령의 올바른 관계는 내 자신을 그분의 인도와 통치에 맡기는 것이다. 순종은 우리와 하나님과 모든 관계에서 가장 중요한 요소이다. "너희는 내 목소리를 들으라. 그리하면 나는 너희 하나님이 되겠고."

예수님이 성령을 보내주시겠다는 위대한 약속을 하시던 날 밤에 이 점을 어떻게 강조하셨는지 주목해 보자. "너희가 나를 사랑하면 나의 계명을 지키리라. 내가 아버지께 구하겠으니 그가 또 다른 보혜사를 너희에게 주사 영원토록 너희와 함께 있게 하리니"(요 14:15-16). 순종은 성령을 받기 위한 필수적인 준비이다. 예수님은 이 점을 반복해서 말씀하셨다. "나의 계명을 가지고 지키는 자라야 나를 사랑하는 자니 나를 사랑하는 자는 내 아버지께 사랑을 받을 것이요 나도 그를 사랑하여 그에게 나를 나타내리라"(요 14:21). "사람이 나를 사랑하면 내 말을 지키리니 내 아버지께서 그를 사랑하실 것이요 우리가 그에게 가서 거처를 그와 함께하리라"(요 14:23). "너희가 내 안에 거하고 내 말이 너희 안에 거하면 무엇이든지 원하는 대로 구하라. 그리하면 이루리라"(요 15:7). "내가 아버지의 계명을 지켜 그의 사랑 안에 거하는 것 같이 너희도 내 계명을 지키면 내 사랑 안에 거하리라"(요 15:10). "너희가 나의 명하는 대로 행하면 곧 나의 친구라"(요 15:14).

그리스도의 부활 이후 새로운 하나님의 섭리 안에서 우리의 전 생애가 순종에 달려 있다는 사실을 말씀으로 더욱 분명하고 확실하게 이해했는가? 순종은 그리스도의 삶의 태도였다. 그분은 자신의 뜻이 아니라 아버지의 뜻에 따라 사셨다. 그러므로 그분은 그분의 영과 더불어 순종의 삶을 살지 않는 사람들의 마음속에 영원한 처소를 마련하실 수 없다.

불순종에 관해 제대로 이해하는 사람이 드물다는 것은 슬픈 사실이다! 우리는 그리스도가 우리를 하나님께 순종하는 자녀로 살게 하는 일을 맡으셨기 때문에 우리에게 순종을 요구하고 계시고, 기대하신다는 사실을 얼마나 간과하고 있는가. 우리가 기도할 때

나 일상생활, 또는 깊은 영적인 생활을 할 때 등 모든 상황에서 주님을 기쁘시게 하려는 노력이 얼마나 나타나는가? 우리는 불순종했음을 거의 고백하지 않거나 그저 단순히 "죄를 지어서 죄송합니다"라고 말하는 정도에 그친다.

그러면 순종은 정말 가능한가? 예수 그리스도가 자신을 성화시켜 주심을 믿고 그분께 의지하는 사람에게는 분명히 가능하다. 반면 아직 영적인 눈이 떠지지 않아 그리스도가 자신의 죄를 한 번에 씻어주실 수 있다는 사실을 모르는 사람에게는 불가능하다. 그는 또한 그리스도 안에 하나님이 그 자녀로부터 기대하시는 모든 것을 이룰 수 있는 힘이 있다는 분명한 약속을 믿지도 못한다.

우리가 믿음을 통해 온전한 용서를 깨달았던 것처럼 우리를 너무도 쉽게 유혹하는 죄의 지배로부터 해방될 수 있는 것도 새로운 믿음의 행위로써 가능하다. 그러면 그리스도의 힘을 계속적으로 공급 받는 영원한 축복이 우리의 것이 된다. 이 믿음으로 인해 전에 이해하지 못했던 약속의 의미를 깨닫는 새로운 통찰력이 생겨난다. "평강의 하나님이 모든 선한 일에 너희를 온전하게 하사 자기 뜻을 행하게 하시고 그 앞에 즐거운 것을 예수 그리스도로 말미암아 우리 가운데서 이루시기를 원하노라. 영광이 그에게 세세무궁토록 있을지어다"(히 13:20-21). "능히 너희를 보호하사… 하나님께… 영광과 위엄과 권력과 권세가 …있을지어다"(유 1:24-25).

"그러므로 형제들아, 더욱 힘써 너희 부르심과 택하심을 굳게 하라. 너희가 이것을 행한즉 언제든지 실족하지 아니하리라"(벧후 1:10). "우리 주 예수께서 그의 모든 성도와 함께 강림하실 때에 하나님 우리 아버지 앞에서 거룩함에 흠이 없게 하시기를 원하노라"(살전 3:13). "주는 미쁘사 너희를 굳건하게 하시고 악한 자에게서 지키시리라"(살후 3:3).

이 약속들과 다른 모든 약속들의 성취는 그리스도 안에서 우리에게 보장되었다. 죄 용서함이 그리스도 안에서 우리에게 분명히 보장된 것처럼 전례 없이 새로운 죄의 공격에 맞설 힘 또한 우리에게 보장되었다. 이제 우리는 믿음으로 그리스도를 완전히 의지할 수 있으며, 그분의 영원한 보호를 받을 수 있다는 사실을 처음으로 이해하게 되었다.

이 믿음은 순종의 삶에 완전히 새로운 빛을 비춘다. 내가 믿기만 하면 그리스도는 이것을 나에게서 매 순간 성취시킬 책임을 지신다. 그때 우리는 바울이 로마서의 서두와 말미에서 언급했던 중요한 구절을 이해하게 된다. "믿어 순종하게 한다"(롬 1:5, 16:26). 믿음은 죄의 용서를 위해서만이 아니라 모든 순간 내가 하나님의 자녀로시 그분과 동행하고, 순종의 자녀로 인정되는 기쁨을 누리게 하기 위해 나를 주 예수께로 인도한다. "이 자녀들을 부르신 이가 거룩하니 그들도 모든 행동에서 거룩하라"는 말씀이 있다. 따라서 내가 그리스도의 완전한 은혜와 그분이 지금뿐 아니라 모든 순간 내 삶의 힘이 되실 것이라고 온전히 믿는 믿음에 모든 것이 달려 있다. 이 믿음이 나로 하여금 모든 선한 일에 즐거워하며 열매가 있게 하고, 주님의 영광스러운 힘에 의해 모든 능력으로 강건해지는 하나님 앞에서 가치 있는 삶을 사는 것을 가능하게 하는 순종으로 이끌 것이다.

그 약속으로 채워진 영혼은 자기 노력이라는 불순종 대신 믿음으로 말미암은 모든 순종을 경험할 것이다. 모든 약속의 가치와 확실성과 능력은 살아 계신 그리스도 안에 있다.

13

승리하는 삶

당신을 위해 생명을 주시고, 모든 죄를 용서하신 그분이
당신을 위해 위대한 일을 하실 것을 믿지 않겠는가.

우리는 주로 예수 그리스도를 중심으로 더욱 풍성한 생명에 관
해 살펴보았다. 그리고 성령으로 세례를 받으신 주님이 십자가에
못 박히시고, 다시 살아나시고, 영광 받으셨기에 그 안에서 풍성한
생명을 얻기 위해 필요한 모든 것을 발견할 수 있음을 알았다.

이제 우리는 다른 관점에서 '승리하는 삶'을 살펴볼 것이다. 우
리는 그리스도인이 어떻게 진정한 승자로 살 수 있는지 알기 원한
다. 우리는 기도의 삶은 그 자체만으로는 개선될 수 없다고 반복해
서 말해왔다. 전에 기도하지 않음으로 얼룩졌던 삶이 완전히 새롭
게 되고 성화되어 온전히 영적인 삶을 살 때만이 기도가 그 본래의

권능을 가질 수 있다. 우리는 하나님이 그분의 자녀들에게 원하시는 분량만큼 승리하는 삶을 살지 않는 것에 만족해서는 안 된다.

주님은 계시록에 나오는 일곱 교회에 보낸 편지에서 이기는 자들에게 약속을 주심으로 끝을 맺으셨다. 일곱 번이나 반복된 "이기는 자에게는"라는 구절에 관해 곰곰이 생각해 보라. 또한 그들에게 어떠한 측량할 수 없는 영광스러운 약속이 주어졌는지 주목하라. 그 약속들은 첫사랑을 잃어버렸던 에베소 교회에도 주어졌고, "살았다 하는 이름은 가졌으나 죽은" 사데 교회에도, 미지근하고 자기 기만에 빠져 있던 라오디게아 교회에도 주어졌다. 회개하면 승리의 면류관을 받을 것이라는 약속이었다. 이 약속은 면류관을 받기 위해 힘쓰는 모든 그리스도인들에게도 주어졌다. 그 승리를 얻기 위해 모든 것을 희생하지 않으면서 건강한 그리스도인이 되는 것과 하나님의 능력으로 말씀을 선포하는 것이 어떻게 가능하겠는가? 그것은 불가능하다.

그렇다면 우리는 어떻게 승리를 얻을 수 있는가? 답은 간단하다. 그리스도 안에 모든 것이 있다. "항상 우리를 그리스도 안에서 이기게 하시는 하나님께 감사하노라"(고후 2:14). "그러나 이 모든 일에 우리를 사랑하시는 이로 말미암아 우리가 넉넉히 이기느니라"(롬 8:37). 모든 일이 우리의 완전한 순복과 온전한 믿음, 하나님과 변함없는 교제 등 우리와 그리스도의 올바른 관계에 달려 있다. 그러나 이 모든 것을 어떻게 얻는가? 아래의 간단한 지시가 그리스도 안에서 당신을 위해 준비된 모든 것이 당신의 소유가 되는 완전한 기쁨을 누리는 방법을 가르쳐 줄 것이다.

- 죄에 관한 새로운 발견
- 그리스도에 대한 새로운 헌신
- 당신이 지속적으로 승리할 수 있게 할 힘에 관한 새로운 믿음

첫째, 죄에 관해 새롭게 발견해야 한다.

로마서 3장을 보면 용서와 회개에 필요한 죄에 관한 지식이 묘사되어 있음을 알 수 있다. "모든 입을 막고 온 세상으로 하나님의 심판 아래에 있게 하려 함이라"(롬 3:19). 당신은 이 말씀으로 자신의 분명한 상태를 파악하고, 얼마간 죄를 자각했으며, 자비를 얻었다. 그러나 승리의 삶으로 가려면 더 필요한 뭔가가 있다. 그것은 당신 안에, 즉 당신의 육체 안에 선한 것이 거하지 않는다는 사실을 깨달음으로 시작한다(롬 7:18). 당신의 속사람으로는 하나님의 법을 즐거워하지만 또 다른 법이 당신의 지체 속에서 역사해 당신을 죄의

법 아래로 사로잡는 것을 보면 이렇게 외치지 않을 수 없게 된다. "오호라. 나는 곤고한 사람이로다. 이 사망의 몸에서 누가 나를 건져내랴"(롬 7:24).

이것은 당신이 범했던 몇몇의, 혹은 많은 죄를 생각하며 회심했을 때 경험했던 바와 다르다. 이것은 훨씬 더 깊이 나아간다. 당신은 그리스도인으로서 원하는 선한 일을 할 힘이 없다는 사실을 깨닫는다. 당신은 본성에 자리 잡은 죄에 관한 더 깊은 통찰력을 가져야 하며, 비록 그리스도인일지라도 원하는 대로 살지 못하는 자신의 완전한 약함을 깨달아야 한다. 당신은 이렇게 부르짖게 될 것이다. "오호라. 나는 곤고한 사람이로다. 죄의 법 아래 사로잡혔도다! 누가 나를 건져내랴?"

이 문제에 관한 대답은 이것이다. "우리 주 예수 그리스도로 말미암아 하나님께 감사하리로다"(롬 7:25). 그 다음에 그리스도 안에 무엇이 있는지가 나타난다. 그것은 로마서 3장에 나타난 것에 국한되지 않는다. 그 이상이다. "나는 그리스도 안에 있고, 그리스도 안에 있는 생명의 성령이 나를 죄와 사망의 법에서 해방시켰도다." 나는 그 안에 속해 있다. 나는 그리스도 안에 있는 생명의 성령의 법(또는 힘)에 의해 자유로워졌으며, 이제 새로운 의식을 가지고 새로운 헌신으로 승리의 전수자로서 그리스도를 인정하도록 부름 받았다.

둘째, 그리스도에 대해 새롭게 헌신해야 한다.

우리는 '헌신'이나 '성화'라는 단어가 무엇을 의미하는지 바로 이해하지 않은 채 얼마나 자주 사용했는지 모른다. 당신이 로마서 7장의 교훈을 깨달았다면 자신의 노력으로는 진정한 그리스도인의 삶과 기도의 삶을 이루지 못하는 무력한 상태에 있음을 완전히 자각했을 것이다. 또한 주 예수만이 그분의 힘으로 당신을 완전히 새로운 방향으로 인도하실 것이며, 그분의 성령을 통해 당신을 전적으로 새로운 존재로 소유하심을 알게 되었을 것이다. 이 사실만이 당신을 계속 죄를 범하게 만드는 데에서 다시 지켜줄 수 있다. 또한 당신이 자기 자신만을 보는 데에서 벗어나 자신으로부터 완전히 자유로워지도록 인도할 것이며, 주 예수님께 모든 것을 기대하게 할 것이다.

우리가 이 사실을 이해하기 시작했다면 이제 우리 본성에는 선한 것이 거하지 않으며, 그것은 저주 아래 있기에 그리스도와 함께 그의 십자가에 못 박혀야 함을 인정하게 된다. 우리는 바울이 그리스도의 죽음으로 말미암아 우리가 죄에 관해 죽었다고 했던 말의 의미를 알 수 있다. 그로 말미암이 우리는 예수 안에 있는 영광스러운 부활을 얻는다. 이 사실을 깨달음으로 우리는 그리스도가 우리 속에 있는 그분의 생명을 통해, 또 그분의 지속적인 내주하심을 통해 그리스도인들을 지키실 수 있다는 사실을 믿음에 이른다.

우리가 회심했을 때 주님이 우리를 용납하셨음을 알 때까지 우리에게는 안식이 없었다. 그러나 이제 우리는 주님이 부활의 능력으로 우리를 지키는 일을 감당하신다는 확신을 얻기 위해 주께로 나가야 한다고 느낀다. 또한 주님이 우리의 회심을 받아들이신 것만큼이나 명백하게 그분이 우리에게 승리의 확신을 주실 만한 행위가 있어야 한다. 비록 그것이 너무 위대하거나 너무 크게 보여도 핑계 없이 자기 자신을 그리스도의 뜻 아래 던지는 사람은 주님이 진정으로 받으셔서 교제의 자리로 이끄시고 넉넉히 이기게 하시는 것을 경험할 것이다.

셋째, 당신이 지속적으로 승리할 수 있게 할 힘에 관해 새롭게 믿어야 한다.

당신은 케직 사경회(The Keswick Convention, 1875년 무디-생키 부흥 운동에서 나왔으며, 기도와 성경 공부와 해외 선교라는 주제를 강조한다. 이 연례 총회의 목적은 '실천적인 거룩'을 장려하는 것이다)와 그것이 나타내는 진리에 관해 들어본 적이 있을 것이다. 그것은 우리가 믿기만 하면 그리스도가 우리의 삶을 매일 돌보시고, 하루 종일 지키는 일을 맡으려고 하신다는 사실이다.

많은 사람들의 간증에도 이러한 생각이 잘 나타나 있다. 그들은 나에게 스스로 그리스도께 완전히 삶을 헌신하는 새로운 순종이 요구됨을 느끼지만 실패의 두려움에 의해 주저하게 되었다고 고백했다. 마침내 거룩함에 관한 갈망과 예수님과 영원한 교제에 관한 갈망과 어린아이 같은 순종을 계속해 가는 삶에 관한 갈망이 그들을 한 방향으로 이끌었다. 그러나 곧 이러한 질문이 떠올랐다. "내가 계속 신실할 수 있을까?" 그들은 이 질문의 답을 자신들의 힘이 아니라 영광 받으신 주님이 주신 권능에 의해 순종할 수 있다는 사실을 믿고 나서야 얻을 수 있었다. 주님이 그들의 미래를 지켜주실 뿐 아니라 먼저 그 미래의 은혜를 기대할 수 있는 믿음의 순종을 가능하게 하셔야 한다. 그들이 자신을 주께 내어드릴 수 있는 것도 그리스도의 능력 안에 있다.

오, 그리스도인이여! 이것을 믿기만 하라. 그러면 승리하는 삶이 있을 것이다. 승리자 그리스도는 당신의 주시며, 당신을 위해 모든 것을 맡으시고, 당신이 하나님이 기대하시는 모든 것을 할 수 있도록 만드실 것이다. 용기를 가지라. 당신을 위해 생명을 주시고, 모든 죄를 용서하신 그분이 당신을 위해 위대한 일을 하실 것을 믿지 않겠는가? 그분의 능력으로 담대하게 자신을 굴복시켜 하나님의 힘으로 죄에서 자신을 지킨 사람들의 삶을 살라. 당신 안에 선한 것이 거하지 않는다는 사실을 확고히 믿음과 함께 당신이 하나님의 자녀로서 삶을 살기 위해 필요한 모든 선한 것이 주 예수 그리스도 안에 있음을 알라. 말 그대로 당신을 사랑해서 자신을 내어주신 하나님의 아들을 믿는 믿음으로 살기 시작하라.

당신에게 용기를 주기 위해 깊은 겸손과 온화한 경건의 사람인 모울(Moule) 주교의 일화를 소개하고자 한다. 그가 처음으로 케직 사경회에 관해 들었을 때 그는 완벽주의가 두려워서 별로 관심을 두지 않았다. 그러나 스코틀랜드에서 휴가를 보내는 동안 예상치 못하게 한 작은 집회에서 몇몇 친구들을 만나게 되었다. 거기서 그는 어떤 설교를 들었는데 그것이야말로 완전히 성경의 가르침을 따르는 것이라는 확신이 들었다. 육신이나 사람 속에 죄가 없음에 관해서는 어떤 말도 없었다. 그것은 오직 예수님이 어떻게 죄성을 가진 인간을 죄로부터 지켜주실 수 있는지를 설명한 것이었다. 설교를 듣는 동안 그의 마음에 빛이 비추었다. 항상 분별력 있고 순종적인 그리스도인으로 인정되었던 그는 이제 자기 자신을 완전히 그리스도께 헌신하는 사람들을 위해 주님이 하고자 하시는 일을 새롭게 경험하게 되었다.

모울 주교가 "내게 능력 주시는 자 안에서 내가 모든 것을 할 수 있느니라"는 말씀을 본문으로 한 그 설교에 관해 했던 말을 들어보자.

"나는 보호와 승리를 주시는 하나님의 권능을 진정으로 믿는 사람들에게 하나님의 약속이 말 그대로 나타나며, 사실로 드러나는 삶을 사는 것이 가능하다고 감히 말한다. 우리의 모든 염려를 날마다 하나님께 내어 맡기고, 그 안에서 깊은 평안을 누리는 것은 가능하다. 믿음을 통해 우리 마음의 생각과 소망을 말씀의 가장 깊은 의미로써 정화시키는 것이 가능하다. 범사에 하나님의 뜻을 깨닫고, 한숨을 쉬면서가 아니라 노래를 부르며 그 뜻을 인정하는 것이 가능하다. 매일 모든 시간에 나의 갈망과 감정의 내면에 있는 모든 고통과 분노와 화, 악담을 내려놓는 것이 가능하다. 하나님의 능력 속에 완전한 피난처를 삼음으로써 끝까지 강할 수 있으며, 이전에 우리가 가장 약했던 부분과 이전에 우리의 모든 결단을 인내하지 못하게 하거나 시시하게 만들었던 것들이 이제는 우리를 사랑하시고 우리 안에서 하나님의 뜻에 조화되도록 일하시는 주님을 통해 죄를 무력하게 만들고 주의 임재와 주의 권능을 느끼는 축복을 누리는 기회가 된다. 이 모든 것들은 하나님의 일이므로 하나님만이 하실 수 있다. 그것을 진정으로 경험하는 것은 항상 우리로 하여금 하나님의 발아래 엎드리게 하고, 더욱 목마른 심령으로 그분을 갈망하게 한다. 우리는 매일, 매 시간, 매 순간, 하나님과 그리스도 안에서 성령의 능력을 통해 동행하는 것 외에 어떤 것에도 만족하지 못할 것이다."

자신의 내면이 더럽혀져서 스스로는 아무 희망이 없음을 알고, 절망을 확신하는 사람들로 예수 그리스도를 보게 하시고, 승리의 삶을 보장해 주신 하나님께 감사드린다. 하나님의 능력 안에서 믿음으로 순종할 수 있게 된 사람들은 이제 매일 매 순간마다 그분만을 의지할 것이다.

2부 골방 기도

01

개인 기도를 위한 제안

기도는 하나님의 자녀가 아버지의 말씀을 듣고
이에 대답하고 자신에게 필요한 것을 구하는 대화이다.

어느 컨퍼런스에서 한 형제가 기도를 소홀히 했음을 진지하게 고백한 후에 마침내 눈이 떠져서 주님이 우리에게 요구하시는 모든 것을 친히 이루시기 위해 은혜를 부어주심을 깨닫게 되었다. 그는 우리에게 개인적인 기도의 방에서 올바로 시간을 보내는 최상의 방법 몇 가지를 제안해 주기를 요청했다. 아쉽게도 그 당시에는 대답할 기회가 없었다. 아마도 다음의 아이디어들이 도움이 될 것이다.

첫째, 기도의 골방에 들어갈 때 당신을 하나님께로 인도하심을 감사드리고, 그분과 함께 자유롭게 대화하라. 당신의 마음이 냉담하고 무감각하다면 신앙은 감정의 문제가 아니라 먼저 의지를 요구한다는 것을 기억하라. 당신의 마음을 하나님께 올려드리고, 그분이 당신을 바라보고 축복하실 것을 확신하며 감사하라. 그런 믿음의 행위를 통해 당신은 하나님을 영화롭게 하며, 당신의 영혼 그 자체에 의해 분주해지는 것을 막을 수 있다. 또한 당신에게 기도를 가르쳐 주시고, 그렇게 할 수 있는 성품을 주시는 예수 그리스도의 거룩한 은혜를 생각하라. 그리고 당신의 마음으로 "아바 아버지"라고 부를 수 있게 하시고, 기도할 때 당신의 약함을 도우시는 성령을 생각하라. 이와 같이 5분을 보내면 당신의 믿음은 굳건해질 것이다. 다시 한 번 하나님께 감사를 올려드림으로써 시작해 기도할 수 있는 자리를 주시고 거기서 축복의 약속을 하시는 하나님을 찬양하기를 부탁한다.

둘째, 당신은 기도를 위한 성경 공부를 통해 기도를 준비해야 한다. 경건의 시간이 그다지 매력적이지 않은 이유는 사람들이 기도하는 방법을 모르기 때문이다. 그들이 가지고 있던 기도할 말들은 금세 바닥나고 더 이상 무엇을 기도해야 할지 모른다. 그러나 기도는 모든 것이 한쪽 편에서만 나오는 독백이 아니다. 하나님의 자녀가 아버지의 말씀을 듣고 이에 대답하고 자신에게 필요한 것을 구하는 대화이다.

성경 몇 구절을 읽으라. 그 안에 기록되어 있는 어려운 말씀에 관해서는 걱정하지 마라. 당신은 후에 그것을 다시 살펴볼 수 있다. 당신이 이해한 구절을 가지고 스스로에게 적용하고, 아버지께 그 말씀으로 당신의 마음속에 비춰주시고 힘주시기를 구하라. 그러면 당신은 당신에게 주어진 하나님의 말씀을 가지고 충분히 기도할 수 있을 것이다. 또한 당신은 필요한 것들을 구할 자유가 있다. 계속 이 방법을 시도하라. 그러면 기도의 골방은 한숨과 발버둥의 자리가 아니라 하늘에 계신 아버지와 교제하는 자리가 될 것이다. 성경 말씀을 가지고 기도하는 것은 강력한 기도의 필수 요건이다.

셋째, 당신의 마음속에 말씀을 받았다면 그때 기도를 시작하라. 그러나 이제 기도할 방법을 잘 알고 있다고 판단해 성급하거나 무분별하게 기도하려고 하지 마라. 당신의 힘으로 기도하는 것은 축복이 되지 않는다. 자신을 하나님 앞에 경건하게, 그리고 조용히 내려놓는 시간이 필요하다. 그분의 위대함과 거룩함과 사랑을 기억하라. 당신이 그분께 무엇을 바라는지를 재고하라. 어떤 아이도 이 땅의 아버지에게 매일매일 같은 것을 말하지 않는다.

당신이 아버지께 이야기하는 내용은 그날의 필요에 의해 영향을 받는다. 당신의 기도는 읽은 말씀에서 나올 뿐만 아니라 당신이 만족하고자 하는 실제적인 영적 필요로부터 말미암은 구체적인 것이어야 한다. 예를 들어 "나는 아버지께 무엇을 구했는지 잘 알며, 응답을 기다립니다"라고 말할 수 있어야 한다. 종이에 기도하고자 하는 내용을 적는 것도 좋은 방법이다.

넷째, 지금까지 말한 것은 자기 자신의 필요와 관련된 것이다. 그러나 또한 우리는 다른 사람들의 필요를 위해서도 기도해야 함을 알아야 한다. 매일의 기도가 더 많은 기쁨과 축복을 가져오지 않는 이유는 그것이 너무 이기적이기 때문이다. 이기심은 기도의 생명력을 사라지게 한다.

당신의 가족을 기억하라. 당신의 동료와 그들의 관심, 당신의 이웃, 그리고 당신이 속한 교회를 기억하라. 마음을 넓혀서 사역자들의 필요와 전 세계의 교회를 생각하라. 이처럼 중보 기도자가 되면 처음으로 하나님이 기도를 통해 그분의 축복을 다른 사람과 나누는 일에 당신을 사용하시는 기도의 축복을 경험하게 될 것이다. 당신은 하나님께 할 말이 있음을 깨달음으로써 살아갈 가치가 있다는 것을 느끼기 시작할 것이다. 당신은 하늘에 계신 이가 기도의 응답으로 일하시는 것을 깨달을 것이다. 기도하지 않으면 얻을 수 없다.

자녀는 아버지에게 빵을 구할 수 있다. 장성한 아들은 아버지와 함께 자신의 모든 일들과 앞으로의 계획을 이야기한다. 연약한 하나님의 자녀는 자기 자신만을 위해 기도한다. 그리스도 안에서 장성한 자는 하나님의 나라에서 일어나는 일들에 관해 하나님과 상의하는 법을 알고 있다. 당신의 기도 리스트에 당신의 사역자나 다른 모든 사역자들 등 당신이 기도하고 있는 사람들의 이름과 여러 사역 현장의 일들을 올려라. 이렇게 할 때 우리 마음은 하나님의 선하심과 엄청난 기쁨의 근원이 될 것이다. 그곳은 이 세상에서 가장 축복된 장소가 될 것이다. 믿기 어려울지 모르지만 이것은 단순한 진리이며, 하나님이 그곳을 그분의 천사들이 오르락내리락하며 당신이 "여호와는 나의 하나님이 되실 것입니다"라고 외치는 벧엘로 만드실 것이다. 또한 천사와 씨름해서 이긴 하나님의 왕자로서 하나님의 얼굴을 보게 되는 브니엘로 만드실 것이다.

다섯째, 기도의 방과 바깥세상이 가깝게 결속되어 있음을 잊지 마라. 우리는 하루 종일 내면의 기도 방에서와 같은 마음가짐을 지녀야 한다. 은밀한 기도의 목적은 하나님과 연합함으로써 항상 그분과 동행하는 것이다. 기도하는 자에게 죄, 부주의, 육체를 따르는 삶과 세상은 적합하지 않다. 영혼에 먹구름이 끼게 한다. 그러므로 비틀거리거나 넘어지려 할 때 당신의 은밀한 기도의 방으로 나가서 먼저 예수님의 보혈을 떠올리고, 그 피로 씻어주시기를 구하라. 당신이 완전히 고백할 때까지 쉬지 말고 당신의 죄를 회개하고, 죄에서 떠나라. 예수님의 귀한 피가 정말로 당신을 하나님과 가까이하게 만들 새로운 자유를 줄 것이다. 기도의 골방에서 얻어진 당신의 생명의 뿌리는 몸과 영혼을 뛰어넘어 일상생활에서도 나타나게 된다. 당신이 은밀히 기도하는 '믿음의 순종'이 당신을 지속적으로 다스리게 하라. 기도의 방은 인간을 하나님과 묶고, 하나님으로부터 오는 힘을 공급해서 하나님만으로 살 수 있도록 만든다. 하나님은 그 자리에서 감사를 받으시고, 그곳에서 우리가 축복된 삶을 경험하게 하시고, 삶을 더 풍성하게 하신다.

02

시간

시간을 따로 구별해 놓지 않으면
거룩한 하나님과 대화도, 하늘과 땅 사이의 어떤 교제도,
타인의 영혼을 위한 구원의 능력도 있을 수 없다.

천지 창조 전에 시간은 존재하지 않았다. 이해하기 힘들지만 하나님은 영원 속에서 사셨다. 창조와 함께 시간이 시작되었고, 모든 것은 시간의 영향력 아래 놓여졌다. 하나님은 모든 살아 있는 피조물들이 서서히 성장하는 법칙을 따르게 하셨다. 어린아이가 그 몸과 마음이 자라 어른이 되기까지 걸리는 시간의 길이를 생각해 보라. 배움에서, 지혜에서, 직업에서, 솜씨에서, 정치에서 모든 것이 인내와 끈기를 필요로 한다. 모든 것이 시간을 요구한다.

신앙도 마찬가지이다. 많은 시간을 따로 구별해 놓지 않으면 거룩한 하나님과 대화도, 하늘과 땅 사이의 어떤 교제도, 타인의 영혼

을 위한 구원의 능력도 있을 수 없다. 갓난아이가 먹는 것을 배우는 데 오랜 시간이 필요한 것처럼 은혜의 삶은 전적으로 인간이 그것을 위해 매일 투자하는 시간에 달려 있다.

목회자는 평범한 일상생활 속에서 영적인 생명을 유지하기 위한 시간을 찾아 그것을 바르게 사용하고자 노력하는 사람들을 지도하고 돕기 위해 하나님에 의해 임명되었다. 만약 본인 스스로에게 기도 생활의 생생한 경험이 없다면 그는 이 일을 할 수 없다. 그의 최고의 소명은 설교도, 권면하는 것도, 교인을 방문하는 것도 아니다. 날마다 하나님의 생명을 구하고, 주님이 그에게 가르치시고 이루시는 일들의 증인이 되는 것이다.

우리 예수님도 그렇게 하지 않으셨는가? 고백할 죄도 없는 그분이 왜 때때로 밤을 새워 하나님께 기도해야 하셨는가? 영적인 생명은 아버지와 친밀한 관계를 통해 강건해지기 때문이다. 예수님이 하나님과 교제로 시간을 보내신 경험은 그분이 그 생명을 우리와 나눌 수 있도록 만들었다.

모든 목회자들은 하나님을 의지하기 위해 자신의 시간을 부여받았음을 알아야 한다! 하나님은 당신의 가장 처음 시간과 최고의 시간을 그분과 교제로 보내기 원하신다. 만약 이렇게 하지 않는다면 당신의 설교와 수고는 아무 힘도 없다. 사람들은 이 땅에서 돈을

벌거나 공부하는 데 자신의 시간을 쓸 수 있다. 하지만 목회자는 그의 시간을 하늘로부터 얻어지는 신령한 능력이나 영적인 축복을 위해 써야 한다. 그것만이 그를 하나님의 사람으로 만들고, 그의 설교가 성령과 능력의 증거가 될 것임을 보장한다.

03

바울의 모범

바울은 성도들을 위한 사역에서 높은 영적인 목표를
가지고 있었으며, 교회와 교회의 필요를 생각할 때마다
기도하는 가운데 온화하고 헌신적인 사랑을 실천했다.

"내가 그리스도를 본받는 자가 된 것 같이 너희는 나를 본받는
자가 되라"(고전 11:1).

첫째, 바울은 자신의 성도들을 위해 항상 기도했던 사역자이다.
기도하는 마음으로 그의 말씀을 조용히 읽고 성령의 목소리를 들
어보자.

"주야로 심히 간구함은… 너희 믿음이 부족한 것을 보충하게 하
려 함이라. 하나님 우리 아버지와 우리 주 예수는… 강림하실 때에
하나님 우리 아버지 앞에서 거룩함에 흠이 없게 하시기를 원하노

라"(살전 3:10-13).

"평강의 하나님이 친히 너희를 온전히 거룩하게 하시고…"(살전 5:23).

얼마나 좋은 영의 양식인가!

"우리 주 예수 그리스도와… 하나님 우리 아버지께서 너희 마음을 위로하시고 모든 선한 일과 말에 굳건하게 하시기를 원하노라"(살후 2:16-17).

"항상 내 기도에 쉬지 않고 너희를 말하며… 구하노라. …내가 너희 보기를 간절히 원하는 것은 어떤 신령한 은사를 너희에게 나누어 주어 너희를 견고하게 하려 함이니"(롬 1:9-11).

"형제들아, 내 마음에 원하는 바와 하나님께 구하는 바는 이스라엘을 위함이니, 곧 그들로 구원을 받게 함이라"(롬 10:1).

"이러므로 내가 하늘과 땅에 있는 각 족속에게 이름을 주신 아버지 앞에 무릎을 꿇고 비노니 …그의 성령으로 말미암아 너희 속사람을 능력으로 강건하게 하시오며 믿음으로 말미암아 그리스도께서 너희 마음에 계시게 하시옵고 너희가 사랑 가운데서 뿌리가 박히고 터가 굳어져서 …그리스도의 사랑을 알고 …하나님의 모든 충만하신 것으로 너희에게 충만하게 하시기를 구하노라"(엡 3:14-19).

"간구할 때마다 너희 무리를 위하여 기쁨으로 항상 간구함은… 너희 사랑을 지식과 모든 총명으로 점점 더 풍성하게 하사 너희로 지극히 선한 것을 분별하며 또 진실하여… 예수 그리스도로 말미암아 의의 열매가 가득하여"(빌 1:4-11).

"나의 하나님이 그리스도 예수 안에서 영광 가운데 그 풍성한 대로 너희 모든 쓸 것을 채우시리라"(빌 4:19).

"우리도 듣던 날부터 너희를 위하여 기도하기를 그치지 아니하고 구하노니 너희로 하여금 모든 신령한 지혜와 총명에 하나님의 뜻을 아는 것으로 채우게 하시고 주께 합당히 행하여… 그의 영광의 힘을 따라 모든 능력으로 능하게 하시며"(골 1:9-11).

"내가 너희와 라오디게아에 있는 자들과 무릇 내 육신의 얼굴을 보지 못한 자들을 위하여 얼마나 힘쓰는지를 너희가 알기를 원하노니 이는 그들로 마음에 위안을 받고 사랑 안에서 연합하여…"(골 2:1-2).

바울의 복음 사역에서 끊임없는 기도가 얼마나 많은 부분을 차지했는가. 우리는 바울이 성도들을 위한 사역에서 높은 영적인 목표를 가지고 있었으며, 교회와 교회의 필요를 생각할 때마다 온화하고 헌신적인 사랑을 계속해 왔음을 볼 수 있다. 하나님이 우리 모든 사람과 말씀의 사역자들에게 기도가 건강하고 자연스러운 표출

이 되게 해주시기를 구하자. 우리가 하나님이 우리에게 모범으로 보여주신 사도의 삶을 본받기 원한다면 성령의 인도를 받기 위해 이러한 구절들을 몇 번이고 다시 살펴볼 필요가 있다.

둘째, 바울은 성도들에게 항상 기도할 것을 말했던 사역자이다. 기도하는 마음으로 다음 말씀들을 읽어보라.

"형제들아, 내가 우리 주 예수 그리스도와 성령의 사랑으로 말미암아 너희를 권하노니 너희 기도에 나와 힘을 같이하여 나를 위하여 하나님께 빌어 나로 유대에서 순종하지 아니하는 자들로부터 건짐을 받게 하고 또 예루살렘에 대하여 내가 섬기는 일을 성도들이 받을 만하게 하고"(롬 15:30-31).

"우리로 자기를 의지하지 말고 오직 죽은 자를 다시 살리시는 하나님만 의지하게 하심이라. 그가 이같이 큰 사망에서 우리를 건지셨고 또 건지실 것이며 이 후에도 건지시기를 그에게 바라노라. 너희도 우리를 위해 간구함으로 도우라"(고후 1:9-11).

"모든 기도와 간구를 하되 항상 성령 안에서 기도하고 이를 위하여 깨어 구하기를 항상 힘쓰며 여러 성도를 위하여 구하라. 또 나를 위하여 구할 것은 내게 말씀을 주사 나로 입을 열어 복음의 비밀을 담대히 알리게 하옵소서 할 것이니 …나로 이 일에 당연히 할 말을 담대히 하게 하려 하심이라"(엡 6:18-20).

"이것이 너희의 간구와 예수 그리스도의 성령의 도우심으로 나를 구원에 이르게 할 줄 아는 고로"(빌 1:19).

"기도를 계속하고 기도에 감사함으로 깨어 있으라. 또한 우리를 위하여 기도하되 하나님이 전도할 문을 우리에게 열어 주사 그리스도의 비밀을 말하게 하시기를 구하라…. 그리하면 내가 마땅히 할 말로써 이 비밀을 나타내리라"(골 4:2-4).

"끝으로 형제들아, 너희는 우리를 위하여 기도하기를 주의 말씀이 너희 가운데서와 같이 퍼져 나가 영광스럽게 되고"(살후 3:1).

그리스도의 몸의 각 지체 간의 조화됨과 서로 간의 관계에 대해 바울이 얼마나 깊은 통찰력을 지녔는가! 우리가 성령이 우리 안에서 능력 있게 역사하시기를 허락하면 그분은 우리에게 이 진리를 드러내실 것이며, 우리 또한 바울과 같은 통찰력을 가지게 될 것이다. 참으로 바울은 그리스도인들 사이의 영적인 삶을 잘 보여주지 않는가! 그는 이것을 로마와 고린도, 에베소, 골로새, 빌립보 등에서 일깨워 주었다. 그 결과 그곳의 성도들은 하늘에 도달하는 능력 있는 기도로 하나님을 의존할 수 있었다.

모든 사역자들도 그리스도의 몸이 하나 됨을 진정으로 인정한다면 이것이 그들에게 얼마나 큰 교훈이 될 것인가. 그들이 그리스도인들을 중보 기도자로 훈련시키는 일에 노력을 기울이도록 구하라. 바울 자신이 성도들을 위한 기도에 열중했기에 그가 이러한 믿음을 가지고 있었음을 사역자들이 진정으로 이해하기를 구하라. 함께 이 가르침을 배우고, 사역자들과 성도들이 함께 기도의 은혜 안에서 자라고 그들의 모든 섬김과 그리스도인의 삶이 기도의 영으로 다스려진다는 사실의 증거가 되게 하시는 하나님을 구하라. 그때 우리는 하나님이 밤낮으로 자신에게 부르짖는 그분의 택한 백성들의 원한을 풀어주신다는 확신을 가지게 될 것이다.

04

성령의 일꾼

성령의 능력 없이 말씀을 전하려고 하지 마라.
그 능력은 교회 사역에서 없어서는 안 되는 것이며,
모든 것이 그 능력에 달려 있다.

'복음의 일꾼은 성령의 일꾼' (고후 3:6-8)이라는 말은 무슨 뜻인가? 이 말은 다음을 의미한다.

첫째, 전도자는 완전히 성령의 능력과 지배 아래에 있어야 성령이 뜻하시는 대로 인도 받고 사용될 수 있다.

둘째, 많은 사람들이 자신들의 일을 위해 성령과 성령의 능력을 사용하기를 기도한다. 그러나 이것은 분명히 잘못되었다. 성령이 당신을 사용하셔야 한다. 당신은 성령께 깊이 의지하고, 완전히 복종해야 한다. 모든 일에 항상 그분의 권능 아래 있어야 한다.

셋째, 자신은 말씀을 전하기만 하면 되고, 성령이 그 말씀을 열매 맺게 하실 것이라고 생각하는 사람들이 많다. 그들은 사람들의 마음속에 말씀을 심어주는 것 역시 성령이 자신 안에서, 그리고 자신을 통해서 하시는 일임을 잘 모르고 있다. 그저 성령의 역사를 통해 내가 전하는 말씀을 하나님이 축복해 주시기를 기도하는 것에 만족해서는 안 된다. 주님은 내가 성령으로 충만하기를 원하신다. 그러면 나는 말씀을 바르게 전할 수 있을 것이며, 내 설교에 성령과 그분의 능력이 표출될 것이다.

넷째, 우리는 오순절 사건을 통해 사도들이 성령으로 충만해져 말하기 시작했으며, 그들 안에 있는 성령을 통해 능력 있게 말했음을 알 수 있다.

다섯째, 우리는 오순절 사건을 통해 성령과 사역자들의 관계가 어떠해야 하는지 알 수 있다. 그는 내주하시는 성령이 매일의 삶 속에서 자신을 가르치시고, 설교와 심방을 통해 주 예수의 증인이 되도록 힘주신다는 강한 믿음을 가져야 한다. 그는 성령의 능력으로 살고, 지속적인 힘을 얻기 위해 끊임없는 기도의 삶을 살아야 한다.

여섯째, 주님은 제자들에게 성령이 그들 위에 임하면 권능을 받게 될 것이라고 약속하시고, 성령을 기다리라고 말씀하셨다. 이 말씀은 "성령의 능력 없이 말씀을 전하려고 하지 마라. 그 능력은 너희들의 사역에서 없어서는 안 되는 것이며, 모든 것이 그것에 달려 있다"는 뜻이다.

일곱째, 이상을 종합해 볼 때 '성령의 일꾼'이라는 말에서 우리가 배울 수 있는 교훈은 무엇인가? 우리는 이를 얼마나 잘못 알고 있었는가! 우리는 성령의 능력을 얼마나 경험해 왔는가! 이제 우리는 어떻게 해야 하는가? 가장 먼저 우리가 날마다 그분의 일꾼으로 살지 않았기 때문에 이토록 계속해서 성령을 근심하게 한 죄에 관해 깊은 고백이 있어야 한다. 어린아이처럼 순진하게 주님이 우리 안에서 변화를 일으키실 것이라는 분명한 믿음으로 그분의 인도를 따라야 한다. 쉼 없는 기도로 주 예수와 날마다 교제해야 한다. 그분은 우리에게 생수의 강같이 성령을 부어주실 것이다.

05

말씀과 기도

성령께 우리의 마음을 드린다면 예전에는 불가능하다고 생각했던
말씀과 기도의 생활이 가능해지는 변화가 일어날 것이다.

조금 기도하고, 조금 말씀을 보는 것은 영적인 삶에 죽음을 가져
온다. 조금 기도하고, 말씀을 많이 읽으면 병든 삶이다. 말씀을 조
금 읽고, 많이 기도하면 비록 생명력은 있지만 꾸준하지는 않다. 반
면 매일 충분히 말씀을 읽고, 충분히 기도하면 건강하고 능력 있는
삶을 살 수 있다. 주 예수를 생각해 보라. 그분은 소년 시절과 청년
시절에 마음속에 말씀을 간직해 두었다. 그분의 마음에 하나님의
말씀이 채워져 있었다는 사실은 광야에서 마귀의 시험을 받으셨을
때부터 십자가 위에서 죽음을 맞으며 "나의 하나님, 나의 하나님,
어찌해 나를 버리셨나이까?"라고 외치셨을 때까지 모든 순간에 나

타났다.

예수님은 기도 생활에서 두 가지를 분명히 나타내셨다. 먼저 말씀이 우리에게 기도할 제목을 공급하며, 우리가 모든 것을 하나님으로부터 기대하도록 고무시킨다는 것을 보여주셨다. 또한 우리로 하나님의 모든 말씀이 성취되는 삶을 살 수 있게 하는 것은 오직 기도뿐임을 보여주셨다. 그렇다면 어떻게 우리가 이 단계에 도달해 말씀과 기도가 우리에게 불가분의 영향력을 행사하게 할 수 있는가? 방법은 오직 한 가지이다. 우리의 삶이 완전히 변화되어야 한다는 것이다. 새롭고 건강한 천국의 삶을 살아감으로써 하나님의 말씀과 기도할 때 하나님이 임하시기를 간구하는 갈급함이 마치 우리가 이 땅의 삶에서 필요한 것을 구하는 것과 같이 자연스러워져야 한다. 우리 속에 육체의 모든 힘이 나타나고, 영적인 약함이 드러날 때마다 우리는 하나님이 성령의 강력한 역사를 통해 새롭고 강건한 생명을 공급해 주실 것이라는 믿음에 이르러야 한다.

그러므로 우리는 성령이 말씀의 영이시며, 기도의 영이심을 깨달을 수밖에 없다. 그분은 말씀이 우리 영혼의 기쁨과 빛이 되게 하실 것이다. 또한 우리가 기도로 하나님의 마음과 뜻을 알고, 그것으로 인해 기뻐하도록 분명히 도우실 것이다. 사역자로서 우리가 이 진리를 설명하고, 하나님의 사람들로 하여금 그들에게 준비된 것을 상속 받을 수 있도록 훈련시키고자 한다면 지금 이 순간부터 앞으로 영원히 자기 자신을 성령의 인도에 맡겨야 한다. 우리는 하나님이 우리에게 행하실 일들을 믿음으로써 그리스도를 말씀과 기도로 충만하게 하셨던 성령이 예수님이 이곳 세상에서 사셨던 영적인 삶을 우리 안에도 이루실 것을 믿으며 살아야 한다.

우리 안에 거하시는 성령은 예수 그리스도의 영이시며, 우리가 진실로 그분의 삶의 추종자가 되도록 내주하심을 믿자. 진정으로 이 사실을 믿고 그분께 우리의 마음을 드린다면 예전에는 불가능하다고 생각했던 말씀과 기도의 생활이 가능해지는 변화가 일어날 것이다. 이것을 굳게 믿고, 분명히 기대하라.

06

말씀 전파와 기도

성령이 넘치는 능력으로 역사하실 때까지
꾸준히 기도하지 않는 이상 그의 말씀은
새 생명을 가져오기 어려울 정도로 힘이 없다.

우리는 에스겔서에 나오는 마른 뼈가 가득한 골짜기의 환상을 익히 알고 있다. 주님은 선지자에게 다음과 같이 말씀하셨다. "너는 이 모든 뼈에게 대언하여 이르기를 너희 마른 뼈들아 여호와의 말씀을 들을지어다. …내가 생기를 너희에게 들어가게 하리니 너희가 살아나리라"(겔 37:4-5). 선지자가 명령대로 행하자 시끄러운 소리가 들리고, 이 뼈와 저 뼈가 들어맞아 뼈들이 서로 연결되고, 살이 오르고, 그 위에 가죽이 덮였다. 그렇지만 그 속에 생기는 없었다. 뼈들에게 대언한 것(하나님의 말씀을 전한 것)은 강력한 영향력을 나타냈다. 그것은 앞으로 일어날 위대한 기적의 시작이었으며, 극히 큰 군대가 새로 생겨나는 것이었다. 그러나 비록 그들 안에 생명의 역사가 일어나기 시작했지만 아직 그 속에 영은 없었다.

그때 주님이 선지자에게 말씀하셨다. "인자야, 너는 생기를 향하여 대언하라. 생기에게 대언하여 이르기를 주 여호와께서 이같이 말씀하시기를 생기야, 사방에서부터 와서 이 죽음을 당한 자에게 불어서 살아나게 하라"(겔 37:9). 선지자가 이를 행했을 때 그들에게 성령이 임해 그들이 살아나고 발로 일어서며 극히 큰 군대가 되었다. 뼈에게 대언하는 것, 그것은 말씀 전파였고 위대한 일을 성취시켰다. 새로운 훌륭한 사람들이 생겨났다. 그러나 생기에게 명령해 "오, 불어와라. 생기여!"라고 말한 것은 더욱 놀라운 일을 이루어 낸 기도였다. 성령의 능력이 기도를 통해 드러났다.

이처럼 마른 뼈들에게 대언해 하나님의 말씀을 알리는 것이 사역자들의 일이 아닌가! 이것은 때때로 위대한 결과를 수반한다. 불경건한 것에 속한 모든 것들이 완전함에 이르게 한다. 냉담한 성도들을 열심 있고 헌신적이게 한다. 그러나 여전히 "그들에게 생기는 없더라"는 모습이 엄연한 진실로 남아 있다. 말씀 전파는 기도가 수반되어야 한다. 설교자가 기도에 시간을 들이고 하나님의 말씀이 가르치는 대로 기도에 애쓰고, 힘쓰고, 쉼 없이, 그리하여 하나님도 쉬지 못하실 정도로 성령이 넘치는 능력으로 역사하실 때까지 꾸준히 기도하지 않는 이상 그의 말씀은 새 생명을 가져오기에 상당히 미치지 못할 정도로 힘이 없다.

우리의 사역에 변화가 일어나야 한다고 느끼는가? 우리는 말씀 사역을 통해 베드로에게 끊임없는 기도를 배워야 한다. 우리는 열심 있는 설교자여야 하는 만큼 열심 있는 기도자여야 한다. 우리는 바울처럼 모든 힘을 다해 지속적으로 기도해야 한다. 그런 기도 가운데 "이 죽음을 당한 자에게 생기야 불어와라"는 말씀이 현실이 된다.

07

전심으로

기도하지 않음은 그 자체로써 극복될 수 없다.
그것은 마음의 상태와 긴밀히 연결되어 있다.
진정한 기도는 온전한 마음에서 나온다.

우리는 경험을 통해 어떤 일을 하는 데 있어 온 마음을 다하지 않으면 좀처럼 성공하지 못한다는 것을 알고 있다. 학생이나 그의 선생님, 비즈니스맨, 혹은 군사를 생각해 보라. 만약 그들 중 누군가가 자신의 소명에 전심으로 응답하지 않는다면 성공할 가능성은 지극히 낮다. 영적인 일, 특히 거룩하신 하나님께 기도하는 높고 거룩한 임무와 항상 그분을 기쁘게 해드리는 일에서는 더욱 그러하다. 하나님이 다음 말씀을 강조하신 것도 같은 이유에서이다. "너희가 온 마음으로 나를 구하면 나를 찾을 것이요 나를 만나리라" (렘 29:13).

지금까지 수많은 하나님의 종들이 "나는 전심으로 당신을 구합니다"라고 말해왔다. 그러나 사실은 그들 가운데 얼마나 많은 그리스도인들이 전심으로 하나님을 찾지 않았음이 분명히 드러났는가! 그들이 죄에 빠져 고민할 때는 온 마음으로 하나님을 구하는 것처럼 보인다. 그러나 용서 받았다는 생각이 들면 비록 그들의 삶이 신앙을 따르는 것처럼 보일지라도 아무도 그들에 대해 '이 사람은 자기 자신으로 하나님을 따르도록 하는 일에 전심을 다하고 있으며, 그분을 섬기는 일을 인생 최고의 것으로 알고 섬기고 있다'라고 생각하지 못할 것이다.

당신의 경우는 어떤가? 당신의 양심은 무엇이라고 말하는가? 비록 목회자로서 임무를 성실하고 열심히 완수하기 위해 전심으로 헌신하는 희생을 했다고 할지라도 다음의 사실을 인정할 필요가 있을 것이다. "확신컨대 내가 내 기도 생활에 만족하지 않는 원인은 내가 전심으로 굴복하는 삶을 살지 않아 하나님과 교제하는 데 걸림돌이 되었기 때문이다." 이는 우리의 골방 기도에서 얼마나 신중히 고려해야 할 사항이며, 하나님께 그 답을 드려야 할 문제인가! 기도하지 않음은 그 자체로써 극복될 수 없다. 그것은 마음의 상태와 긴밀히 연결되어 있다. 진정한 기도는 온전한 마음에서 나온다.

그러나 나 스스로는 "하나님을 전심으로 구했다"라고 말할 수 있는 온전한 마음을 갖출 수 없다. 그렇다. 그것은 당신의 힘으로는 불가능하다. 오직 하나님만이 하실 수 있다. "내가 그들에게 나를 경외하는 마음을 줄 것이다." "내가 나의 율법을 생명의 능력으로서 그들의 마음속에 심어줄 것이다." 이러한 하나님의 약속은 우리의 갈망을 일깨운다. 그 갈망이 아무리 약할지라도 하나님이 우리에게 베푸실 일을 위해 열심을 다하고자 하는 진실한 결단만 있다면 그분이 친히 우리 안에서 일하실 것이며, 그 일을 이루실 것이다. 우리로 결단하게 하는 것은 내주하시는 성령의 일이다. 그분은 우리로 하여금 전심으로 하나님을 찾게 하신다. 우리가 이 땅의 많은 일에 전심과 전력을 다하려고 하는 동안에 만약 우리의 영광스러운 하나님과의 교제에 관해서는 어떤 언급도 없다면 우리의 얼굴에는 혼란스러운 모습만이 나타날 것이다. 하나님을 전심으로 찾지 않게 될 것이다.

08

나를 따르라

우리를 위해 모든 것을 포기한 그 사랑에
당신 자신을 완전히 헌신하고, 날마다 주와 사귐을
최고의 행복으로 여기지 않겠는가.

    주님은 "나를 따르라"는 말씀을 그분을 믿거나 그분께 복을 받기 원하는 모든 사람들에게 하지 않으시고, 오직 사람 낚는 어부가 되게 하실 그분의 제자들에게 하셨다. 주님은 처음으로 제자들을 부르실 때만 이 말씀을 하신 것이 아니라 후에 베드로를 부르실 때도 하셨다. "이제부터 너는 사람을 낚으리라." 영혼을 구하고, 그들을 사랑하고 구원에 이르게 하는 거룩한 기술은 그리스도와 가깝고 지속적인 교제를 통해서만 배울 수 있다. 이것은 사역자들과 그리스도를 믿는 직업인들과 다른 모든 사람들에게 얼마나 훌륭한 교훈인가! 이 친밀한 관계는 주님의 제자들에게 위대하고 특별한 특권이었다. 주님은 제자들로 항상 자신과 함께 있게 하고, 가까이에 두시려고 선택하셨다.

우리는 마가복음 3장 14절에서 주님이 열두 제자들을 택하신 내용을 읽을 수 있다. "이에 열둘을 세우셨으니 이는 자기와 함께 있게 하시고 또 보내사 전도도 하며." 또한 잡히시기 전날 밤에는 다음과 같이 말씀하셨다. "너희도 처음부터 나와 함께 있었으므로 증언하느니라"(요 15:27). 다른 사람들도 이 사실에 주목했다. 예를 들어 대제사장 집의 한 여종은 베드로에게 다음과 같이 말했다. "이 사람도 그와 함께 있었도다." 산헤드린에서도 마찬가지였다. "그들이 예수와 함께 있었다." 그리스도의 증인이 될 사람의 가장 중요한 특징이자 필수적인 요건은 그가 그리스도와 함께 있다는 사실이다.

그리스도와의 지속적인 교제는 성령의 사역자들을 훈련시키는 유일한 학교이다. 모든 사역자들에게 이는 얼마나 중요한 가르침인가! 갈렙처럼 주를 온전히 좇았던 자만이 예수님을 따르는 다른 영혼들에게 도를 가르칠 수 있다. 예수님이 친히 우리로 그분을 닮아가도록 훈련시키시고, 다른 사람들이 우리에게 배우기를 원하신다는 것은 얼마나 큰 은혜인가. 그때 우리는 우리의 회심에 관해 바울처럼 말할 수 있을 것이다. "너희는 우리와 주를 본받는 자가 되어라." "나도 그리스도를 따르니 너희는 나를 따르라."

어떤 스승도 예수님이 우리와 함께하시고 그 말씀을 전해주시는 것처럼 그렇게 함께하며 제자들의 문제를 떠맡은 적이 없다. 주님은 어떤 고통도 감내하려고 하셨다. 그분께는 어떤 시간도 너무 제한적이거나 너무 길지 않을 것이다. 주님은 그분을 십자가로 이끈 사랑 안에서 우리와 교제하고 대화하기 원하신다. 우리를 변화시키고 거룩하게 하고, 그분의 거룩한 사역에 적합하게 만들기 원하신다. 그럼에도 우리가 여전히 기도에 그토록 많은 시간을 보내는 것이 무리라고 감히 말할 수 있을까. 우리를 위해 모든 것을 포기한 그 사랑에 당신 자신을 완전히 헌신하고, 날마다 주와 사귐을 가지는 것을 최고의 행복으로 여기지 않겠는가? 오, 사역의 축복을 원하는 모든 사람들이여! 주님은 당신과 함께 있기 원하신다. 이것을 인생 최고의 기쁨으로 삼으라. 이것은 당신의 사역에 축복을 받기 위한 가장 확실한 준비이다.

"오, 나의 주님! 나를 이끄시고, 도우시고, 굳게 붙드소서. 날마다 믿음으로 당신과 교제하며 사는 방법을 가르쳐 주소서."

09

거룩한 삼위일체와 기도

구속 받은 하나님의 자녀는 아버지의 사랑과
그리스도의 은혜와 이 땅에 임한 성령의 강력한 역사가
다른 사람들에게도 흘러가게 할 통로이다.

첫째, 하나님은 순수한 사랑과 축복을 주시는 영원토록 흐르는 샘물이시다.

둘째, 그리스도는 하나님의 완전하심이 은혜로 나타나는, 우리를 향해 열려 있는 저수지이시다.

셋째, 성령은 하나님과 어린양의 보좌로부터 흐르는 생수의 물줄기이시다.

넷째, 구속 받은 하나님의 자녀는 아버지의 사랑과 그리스도의 은혜와 이 땅에 임한 성령의 강력한 역사가 다른 사람들에게도 흘러가게 할 통로이다.

다섯째, 이 모든 것을 통해 우리는 하나님이 그분의 은혜를 분배할 자 가운데 우리를 포함시키신 놀라운 파트너십을 얼마나 분명한 그림처럼 보게 되는가! 우리가 대부분 스스로를 위해 기도하는 것은 기도의 삶에서 시작에 불과하다. 진정한 기도의 영광은 우리가 아직 어둠 가운데 있는 영혼들에게 그리스도의 은혜를 전해주는 중보 기도자로서의 능력과 성령의 활력을 가질 때 나타난다.

여섯째, 그 통로가 저수지에 더 가깝게 연결될수록 더 확실하고 막힘없이 물이 흐르게 될 것이다. 우리가 그리스도와 그분으로부터 나오는 성령으로 충만한 기도에 몰두할수록, 그리고 그분과 교제를 더 굳건하게 가질수록 우리의 삶은 더 확실히 행복해지고 강건해질 것이다. 그러나 이것은 여전히 현실적인 준비일 뿐이다. 우리가 삼위일체의 하나님과 교제하고 대화하는 시간을 더 많이 가질수록 영혼들과 사역자들과 교회를 축복하는 기도의 능력과 용기를 더 빨리 받게 된다.

일곱째, 당신은 마른 땅에 있는 목마른 영혼들에게 물을 흘려보낼 수 있는 열린 통로인가? 당신은 성령의 역동적인 사역의 도구가 되기 위해 자신을 아낌없이 하나님께 드렸는가?

여덟째, 만약 그렇지 않다면 당신이 기도할 때 자기만을 생각했고, 기도의 능력을 별로 경험하지 않았기 때문이 아닐까? 주 예수 안에 들어와서 기도하는 새로운 기도의 삶은 당신이 주위의 영혼들을 주께로 인도하기 위해 기도에 힘쓰는 중보 기도자로 설 때만이 유지되고 강해질 수 있다는 사실을 깨닫기 바란다. 하나님은 사랑과 축복의 영원한 샘물이시며, 그분의 자녀인 나는 날마다 성령과 생명을 이 땅에 흐르게 하는 살아 있는 통로이다.

10

삶과 기도

우리의 기도가 우리의 전 생애를 지배해야 한다.

우리의 삶은 우리의 기도에 지대한 영향을 준다. 마치 우리의 기도가 우리의 삶에 영향을 주는 것과 같다. 인간의 전 생애는 자신의 필요를 제공 받고 행복하게 되기 위한 자연이나 세상을 향한 끊임없는 기도이다. 이 자연스러운 기도와 갈망은 너무 강하다. 그로 인해 하나님께 기도하는 사람들의 입에서 나오는 기도가 받아들여지지 않을 수 있다. 때때로 하나님은 당신의 입술에서 나오는 기도를 들으실 수 없다. 당신의 마음이 외치는 세상의 욕망이 훨씬 크고 강하게 들리기 때문이다.

삶은 기도에 막대한 영향력을 행사한다. 세상적인 삶과 이기적인 삶은 기도를 무력하게 하며, 응답이 불가능하게 만든다. 많은 그리스도인들에게 삶과 기도 사이에 갈등이 있으며, 대부분 삶이 우위를 차지한다. 그러나 기도 역시 삶에 막대한 영향력을 행사할 수 있다. 만약 기도하면서 나 자신을 하나님께 완전히 드린다면 기도로 육신과 죄의 삶을 정복할 수 있다. 삶 전체가 기도의 통제 하에 들어갈 수 있다. 기도를 통해 주 예수를 초청하고, 삶을 정결하고 거룩하게 하시는 성령의 은혜를 받기 때문에 기도는 전 생애를 변화시키고 새롭게 할 수 있다.

많은 사람들이 영적으로 나약한 삶을 살기 때문에 스스로 노력해 기도를 더 많이 해야 한다고 생각한다. 그들은 영적인 삶이 강해지는 것과 비례해 기도의 삶이 더해진다는 사실을 이해하지 못한다. 기도와 삶은 불가분의 연결 관계이다.

당신은 어떻게 생각하는가? 5분 동안의 기도와 하루 종일 이 세상의 일들에 매달리는 것 중 어떤 것이 당신에게 더 많은 영향력을 주겠는가? 당신의 기도가 응답되지 않더라도 놀라지 마라. 그 이유는 당신의 삶과 기도가 서로 충돌해서 당신의 마음이 기도하는 것보다 살아가는 것에 더 집중했다는 데에서 쉽게 찾아볼 수 있다. 이 위대한 교훈을 배우라. 우리의 기도가 우리의 전 생애를 지배해야 한다. 내가 하나님께 기도로 구하는 것은 5분이나 10분 만에 결정되지 않는다. 우리는 "저는 전심으로 기도했습니다"라고 말하는 법을 배워야 한다. 하나님께 간구하는 것이 진정 하루 종일 나의 마음을 채워야 한다. 그러면 응답의 길이 열린다.

마음과 삶을 다스리는 기도는 얼마나 거룩하고 강력한가! 그것은 우리로 하나님과 끊임없이 교제할 수 있게 한다. 그때 우리는 다음과 같이 고백할 수 있다. "주님, 당신을 온종일 바라고 바랍니다." 이제 하나님께 기도하는 시간의 길이뿐 아니라 우리의 기도가 전 생애를 소유할 만한 능력이 있는지도 주의 깊게 관심을 기울이자.

11

지속적인 기도

초대 교회에 한 가지 문제가 생겼다. 그러자 베드로가 말했다. "우리가 하나님의 말씀을 제쳐 놓고 접대를 일삼는 것이 마땅하지 아니하니 …우리는 오로지 기도하는 일과 말씀 사역에 힘쓰리라 하니"(행 6:2-4). 그 결과 집사가 세워졌다. 베드로의 이 말은 시대를 막론하고 성직자로 구별된 사람들을 위해 적용되었다. 언젠가 알렉산더 화이트 박사가 말했다. "나는 때때로 내 봉급이 너무도 정확하고 확실하게 지불될 때, 집사들이 잘 합의해 맡은 일을 충실하게 행할 때 내가 맡은 일인 기도와 말씀 사역을 충실하게 행하고 있는지 생각해 본다." 또 어떤 사역자는 말했다. "내가 기도와 말씀 사역에 시간을 딱 절반씩 균등하게 나누어서 헌신한다고 하면 사람들이 얼마나 놀라겠는가?"

베드로를 통해 기도를 지속한다는 것이 무엇을 의미하는지 잘 살펴보라. 그는 기도하러 지붕에 올라갔다. 거기서 기도하는 가운데 이방인들에 대한 사역을 지시하시는 하나님의 말씀을 들었다. 거기서 고넬료로부터 온 전갈을 받았다. 거기서 성령이 그에게 말씀하셨다. "일어나서 너를 찾는 세 사람과 함께 가라." 마침내 그는 가이사랴에 갔으며, 성령은 그곳에서 이방인들에게 예상치 못했던 은혜를 부어주셨다. 이 모든 것은 기도를 통해 하나님이 그분의 성령의 지시를 우리에게 가르쳐 주심으로써 우리로 그분의 뜻을 깨닫게 하시기 위한 것이다. 또한 우리가 누구에게 말할지 알게 하고, 성령이 우리를 통해 하나님의 말씀을 강하게 하는 확신을 주신다는 사실을 가르치시기 위한 것이다.

만약 당신이 사역자라면 왜 봉급을 받고, 사택에 살며, 직업을 가져야 한다는 필요로부터 자유로운지 생각해 본 적이 있는가? 그 이유는 그럼으로써 당신이 기도와 말씀 사역을 지속할 수 있기 때문이다. 그것이 당신의 지혜요 힘이 될 것이다. 그것이 축복된 복음 사역의 비밀이 될 것이다.

가장 중요한 일인 지속적인 기도가 그 올바른 자리, 즉 우선순위에 놓여 있지 않은 가운데 목회자나 성도가 열매 없는 영적 생활을 불평하는 것은 놀랄 일이 아니다.

베드로는 성령으로 충만했기 때문에 자신 있게 말하고 행동할 수 있었다. 성령을 우리 삶의 인도자와 주로 진심으로 모시고, 그분께 순종하는 것 외에 그 무엇에도 만족하지 말자. 다른 어떤 것도 우리를 도울 수 없다. 그때 비로소 우리는 "하나님이 저를 그분의 성령의 사역자로 만드셨습니다"라고 말할 수 있다.

12

영적인가, 육적인가?

영적인 그리스도인은 성령에 의해 인도되며
그리스도와 동행하는 삶을 산다.

이 두 가지 상태는 커다란 차이가 있지만 이것을 이해하거나 신
중하게 생각하는 사람은 적다. 성령을 따라 걸으며 육체를 십자가
에 못 박은 그리스도인은 영적이다(갈 5:24). 반대로 육신을 따라
걸으며 육체를 기쁘게 하려는 그리스도인은 육적이다(롬 13:14).
성령으로 시작했던 갈라디아 교인들은 육체로 마치려고 했다. 그
러나 그들 가운데 몇몇 영적인 사람들은 곁길로 나간 데에서 돌아
와 성령에 순종했다.

육적인 그리스도인과 영적인 그리스도인 사이에는 얼마나 큰 차
이가 있는가!(고전 3:1-3) 육적인 그리스도인에게도 많은 종교심과

하나님과 하나님을 섬김에 대한 열심이 있다. 그러나 대부분 인간적인 힘으로 행한다. 반면 영적인 그리스도인은 성령의 인도에 자신을 완전히 복종시키고, 자신의 연약함을 깊이 깨닫고 그리스도의 사역에 전적으로 의존한다. 성령에 의해 인도되며, 그리스도와 동행하는 삶이다.

자신의 삶이 하나님 앞에서 영적인지, 육적인지 돌아보고 솔직하게 인정하는 것이 얼마나 중요한지 모른다! 교리에 매우 충실하고, 의욕적으로 교회를 섬기는 목회자라도 인간적인 지혜와 열정의 힘에 의존할 수 있다. 이 같은 삶의 한 가지 특징은 기도를 통한 그리스도와의 교제에 기쁨이나 지속성이 거의 없다는 것이다.

육적인 그리스도인이 영적인 그리스도인이 되기 위해서는 얼마나 큰 변화가 필요한가! 처음에 그는 변화되기 위해 무엇이 필요한지, 혹은 어떻게 변화가 일어날 수 있는지조차 이해하지 못한다. 그러나 진리가 그에게 비치면 비칠수록 하나님이 일하지 않으시면 변화가 불가능하다는 사실을 더욱 확신하게 된다. 하나님이 그 일을 이루실 것을 진정으로 믿기 위해서는 무엇보다 열심 있는 기도가 필요하다. 자기 자신에 대한 신뢰를 버림과 동시에 묵상과 조용하고 구별된 장소가 반드시 필요하다. 이 길을 따르면 하나님이 하실 수 있으며, 그렇게 하고자 하시며, 그렇게 하실 것이라는 믿음이 반드시 온다. 주 예수께 굳게 매달린 영혼은 이 믿음으로 말미암아 성령의 인도를 받을 것이다.

당신은 다른 사람에게 다음과 같이 말할 수 있는가? "형제들아, 내가 신령한 자들을 대함과 같이 너희에게 말할 수 없어서 육신에 속한 자, 곧 그리스도 안에서 어린 아이들을 대함과 같이 하노라" (고전 3:1). 만약 당신이 육적인 상태에서 영적인 상태로 변화된 경험이 없다면 그것은 불가능하다. 그러나 하나님이 가르쳐 주실 것이다. 기도와 믿음을 지속하라.

13

조지 뮬러와 기도

하나님은 조지 뮬러의 기도에 대한 응답으로
그에게 30만 명이 넘는 영혼을 주셨다.

하나님은 우리에게 기도의 삶에 관한 모범으로 사도 바울을 보여주셨다. 또한 얼마나 놀라운 방법으로 기도를 들으시는지를 교회에 가르쳐 주시기 위한 증거로 조지 뮬러를 주셨다. 하나님은 조지 뮬러가 평생 동안 고아원을 운영할 수 있도록 수백만 파운드를 주셨을 뿐만 아니라 뮬러의 고백에 의하면 기도에 대한 응답으로 그에게 30만 명이 넘는 영혼을 주셨다. 그들 가운데에는 고아뿐만이 아니라 그가 매일 신실하게, 때로는 50년 넘게 구원 받으리라고 굳게 믿으며 기도해 온 수많은 사람들이 포함되었다. 누군가 조지 뮬러에게 무슨 근거로 그런 굳은 믿음을 가질 수 있었는지를 물었다. 그의 대답은 이러했다.

"제가 언제나 충족시키려고 애쓰는 다섯 가지 조건이 있습니다. 이것들을 준수함으로써 저의 기도의 응답을 의심치 않았습니다.

첫째, 저는 주님이 모든 사람들이 구원을 받고 하나님을 아는 지식에 이르기를 원하신다(딤전 2:4)고 믿기 때문에 주님이 그들을 구원하실 것이라는 확신을 조금도 의심하지 않았습니다. 또한 우리가 무엇이든지 구하는 바를 들으시는 줄(요일 5:14)을 확신했습니다.

둘째, 저는 절대로 저의 이름으로 그들의 구원을 간구하지 않았습니다. 다만 귀하신 예수 그리스도의 복된 이름과 그분의 공로를 의지했습니다(요 14:14).

셋째, 저는 항상 하나님이 저의 기도를 듣기 원하심을 굳게 믿었습니다(막 11:24).

넷째, 저는 항상 어떤 죄도 범하지 않으려고 힘썼습니다. 제가 마음에 죄악을 품으면 주님이 듣지 않으시기 때문입니다(시 66:18).

다섯째, 저는 때로 응답이 올 때까지 52년이 넘게 믿음으로 기도를 지속했습니다. 하나님이 자신에게 밤낮 부르짖는 택하신 자들의 원한을 당연히 갚아주지 않으시겠습니까?"

위의 다섯 가지 조건을 마음에 새기고 그 방법에 따라 기도하라. 기도할 때 당신이 원하는 것만을 말하지 말고 당신의 기도가 상달되고 있다는 것을 믿음으로 깨달을 때까지 하나님과 교제하라. 조지 뮬러가 걸었던 길은 모든 사람에게 열려 있는 은혜의 보좌로 향하는 새롭고 산 길이다.

14

허드슨 테일러와 기도

허드슨 테일러가 청년 시절에 자신을 하나님께 주저함 없이 드렸을 때 하나님이 그를 중국으로 보내실 것이라는 강한 확신을 느꼈다. 그는 조지 뮬러의 전기를 읽고 하나님이 뮬러와 고아들의 필요를 위한 기도에 어떻게 응답하셨는지 알았다. 허드슨 테일러는 자신도 뮬러처럼 하나님을 믿게 해 달라고 기도하기 시작했다. 하지만 그런 믿음을 가지고 중국에 가기 위해서는 먼저 영국에서 그런 믿음으로 살아야 한다고 느꼈다. 그는 하나님께 이것을 가능하게 해 달라고 구했다.

당시 그는 어떤 의사의 보조로 일했다. 그 의사는 마음씨는 좋은 사람이었으나 임금을 매우 불규칙적으로 지급했다. 이것은 조지 뮬러처럼 "아무에게도, 아무 빚도 지지 말라"는 말씀을 믿었던 그에게 매우 큰 문제이자 골칫거리였다. 그는 이 말씀이 실제로 이루어져 자신이 빚을 지지 않기 바랐다. 그래서 자신이 먼저 임금 지급을 요구하기 전에 하나님이 그 의사의 마음을 움직이셔서 제날짜에 급여를 받게 해주시기를 구했다.

그 일로 인해 허드슨 테일러는 하나님을 통해 사람들을 움직이는 방법을 배웠다. 이 심오한 배움은 후에 중국에서의 사역에 놀랍도록 큰 축복이 되었다. 그는 중국인들이 거듭날 것을 믿었고, 그리스도인들이 각성해 선교 사역을 뒷받침할 후원금을 낼 것을 믿었다. 또한 믿음의 법으로 우리의 필요를 하나님께 기도로 구하며, 주님이 원하시는 대로 사람들을 움직여 주시도록 하나님을 의지하는 신실한 선교사들을 찾을 수 있으리라고 믿었다.

허드슨 테일러는 중국에서 몇 년을 보낸 후에 각각 수백만이 넘는 영혼들이 있지만 선교사는 없는 중국의 11개 성과 몽고에 2명씩, 모두 24명의 선교사들을 보내주시기를 하나님께 기도했다. 하나님은 그의 기도에 응답하셨다. 하지만 그들을 파송할 단체가 없었다. 그는 정말로 하나님이 자신의 필요를 채우신다고 믿었지만 그 24명을 용기 있게 혼자서 책임질 각오는 되어 있지 않았다. 그에게는 그들이 충분한 믿음을 가지고 있지 않을 수도 있다는 두려움이 있었다. 그로 인해 그는 심하게 갈등하고 매우 쇠약해졌다.

하지만 마침내 하나님이 자신을 돌보신 것처럼 그 24명도 틀림없이 돌보실 수 있음을 깨달았다. 그때부터 그는 그 책임을 기쁨으로 감당했다. 하나님은 수많은 믿음의 혹독한 시험을 통해 그를 인도하셨고, 주를 완전히 신뢰하게 하셨다. 시간이 지나자 24명이 늘어나서 하나님의 도우심을 완전히 의지하는 천 명의 선교사들이 되었다. 후에 다른 선교 단체들도 "믿음은 하나님이 사람들을 움직여 그분의 자녀가 기도로 아버지께 구해야 할 것들을 할 수 있게 할 것이다"라는 법칙을 되뇌고 순종했던 허드슨 테일러로부터 많은 가르침을 받게 되었음을 인정하게 되었다.

15

골방에 비치는 빛

이 세상의 어떤 장소도 하나님의 임재가 약속되어 있으며
아버지와 방해 받지 않는 교제가 기다리고 있는
기도의 방만큼 매력적이지 않다.

"너는 기도할 때에 네 골방에 들어가 문을 닫고 은밀한 중에 계신 네 아버지께 기도하라. 은밀한 중에 보시는 네 아버지께서 갚으시리라"(마 6:6).

주님은 사람들에게 보이려고 힘쓰는 위선자들의 기도와 말을 많이 해야 한다고 믿는 이방인들의 기도에 대해 말씀하셨다. 그들은 우리를 바라보시고 귀 기울이시는 인격적인 하나님께 드리는 기도 외에 어떤 기도도 가치가 없다는 것을 이해하지 못한다. 이어서 주님은 그리스도인들이 은밀한 기도의 자리에서 기도할 때 받게 되는 어마어마한 은혜에 관해 놀라운 가르침을 주신다. 우리는 이 가

르침을 완전히 이해하기 위해 기도의 방에 비치는 빛에 관해 주의를 기울여야 한다.

첫째, 하나님의 놀라운 사랑을 알게 된다.

하나님과 그분의 위대하심과 거룩하심, 형용할 수 없는 영광을 묵상해 보라. 하나님이 한 사람, 한 사람 그 자녀들을 부르시고, 그들이 아무리 죄가 많거나 약할지라도 언제든지 그분께로 돌아올 수 있게 하시며, 그들이 원하는 만큼 오랫동안 대화할 수 있도록 하신 특권을 생각해 보라. 하나님은 그분의 자녀들이 기도의 방에 들어오면 언제든지 만날 준비가 되어 있으시다. 나아가 자녀들과 교제하시며, 자녀들의 마음속에 하나님이 함께하시며, 그들을 위해 모든 것을 떠맡아 주신다는 확신을 가질 수 있도록 기쁨과 힘을 더해주려고 하신다. 더욱이 하나님은 그분의 자녀들이 은밀히 기도하는 외부의 삶과 일을 풍성하게 하실 것을 약속하신다. 그렇다면 우리는 당연히 기쁨으로 부르짖어야 하지 않는가! 얼마나 큰 영광인가! 얼마나 귀한 구원인가!

당신은 하나님이 우리의 모든 필요에 어떤 충만한 은혜를 공급해 주시는지 아는가? 어떤 사람은 최악의 곤경에 처해 있거나 깊은 죄에 빠져 있을지 모른다. 또 어떤 사람은 반복되는 일상에서 세속적이거나 영적인 축복을 간구할지 모른다. 아마 그는 자기 자신이나 그와 가까운 사람들, 혹은 자신의 교회와 성도들을 위해 기도할 것이다. 그는 또한 전 세계를 위해 기도하는 중보 기도자가 되기를 바랄 수도 있다. 골방 기도의 약속은 이 모든 것을 포괄한다. "은밀한 중에 계신 네 아버지께 기도하라. 은밀한 중에 보시는 네 아버지께서 갚으시리라."

우리는 하나님의 자녀들에게는 이 세상의 어떤 장소도, 하나님의 임재가 약속되어 있으며 아버지와 방해 받지 않는 교제가 기다리고 있는 기도의 방만큼 매력적이지 않다는 것을 잘 알 수 있을 것이다. 이 세상에서 아버지의 사랑을 즐거워하는 아이들의 행복을 생각해 보라. 사랑하는 은인을 만나 교제하는 행복을 생각해 보라. 자신의 주에게 언제든지 다가갈 수 있고, 원하는 만큼 함께 있을 수 있는 자유를 가진 종의 행복을 생각해 보라. 이 모든 기쁨과 특권조차 하나님의 자녀들이 가진 특권과 비교하면 아무것도 아니다. 당신은 기도의 방에서 원하는 만큼 하나님과 친밀하게 대화할 수 있다. 당신은 거기서 그분의 임재와 교제를 기대할 수 있다.

당신은 기도의 방이라는 선물 안에서 하나님의 놀라운 사랑이 특별한 약속으로 성화되는 것을 깨달았는가? 날마다 우리의 삶 속에서 하나님의 놀라운 사랑의 선물에 감사하자. 이 죄 많은 세상에서 하나님은 형용 못할 축복의 근원이 되시며, 늘 우리의 필요만을 생각하고 계신다.

둘째, 인간의 깊은 죄성을 깨닫게 된다.

아마도 우리는 하나님의 모든 자녀가 하나님의 초대라는 은혜를 기쁨으로 누리고 있다고 생각할 것이다. 그러나 실상은 어떠한가? 모든 나라에서 일반적으로 스스로를 신자라고 하는 사람들에 의해 개인적이고 인격적인 기도가 무시된다는 탄원이 들린다. 많은 사람들이 그 특권을 쓸모없게 만든다. 그들은 교회를 다니고, 그리스도를 고백하지만 하나님과 인격적인 교제에 관해서는 거의 모른다. 많은 사람들이 조급한 마음이나 습관적으로, 또는 양심을 달래기 위해 조금씩만 기도하기 때문에 하나님의 축복을 나타내거나 기쁨을 맛보지 못한다. 더욱 슬픈 사실은 기도의 축복을 아는 많은 사람들조차 하루 종일 하나님과 나누는 신실하고 규칙적이고 행복한 교제에 관해서 거의 모를 뿐 아니라 기도를 일용할 양식처럼 꼭 필요한 것이라고 생각하지 않는다는 것이다.

그토록 기도를 무력하게 만드는 것은 무엇인가? 바로 인간의 깊은 죄성과 그의 타락한 본성이다. 그것들이 하나님을 적대시하고, 아버지와 홀로 나누는 교제보다 이 세상과의 교제를 더욱 매력적으로 느끼게 만들었다.

그리스도인들은 진실로 육체는 '하나님을 대적하는 것'이라고 선언하는 성경 말씀을 믿고 있는가? 그들의 삶이 육체를 따라 더 많이 걷기 때문에 성령이 그들을 기도로 강하게 할 수 없는 것이 아닌가? 그리스도인들이 사탄에게 기도라는 무기를 내주었기에 사탄을 정복할 힘이 없지 않은가? 이 질문들에 관한 우리의 대답은 오직 인간의 깊은 죄성만 드러낼 뿐이다. 이보다 더 큰 증거는 없다. 우리는 은밀한 기도의 방을 무시했으며, 우리에게 특권을 주는 하나님의 측량 못할 사랑에서 등을 돌렸다.

더욱 마음이 아픈 것은 그리스도의 사역자들조차 자신들이 너무 적게 기도한다는 사실을 알고 있다는 것이다. 하나님의 말씀은 능력이 오직 기도를 통해 온다고 그들에게 가르친다. 오직 기도를 통해서, 분명히 기도를 통해서 위로부터 사역할 수 있는 능력을 부여받는다. 그러나 여전히 이 세상과 육신의 힘이 그들을 유혹하고 있다. 비록 그들이 사역에 시간을 헌신하고 열정을 나타내지만 가장 중요한 것이 무시되고 있다. 사역의 열매를 맺게 하는 가장 중요한 성령의 선물을 얻기 위해 기도하는 것에 관해서는 별다른 열의도 없고, 힘을 쏟지도 않는다. 하지만 하나님은 우리가 기도를 무시하고 있다는 것을 느낄 때 우리 본성에 있는 깊은 죄악을 깨달을 수 있는 은혜를 주셨다.

셋째, 예수 그리스도의 영광스러운 은혜를 누리게 된다.

변화의 희망은 없는가? 항상 죄악 된 상태여야 하는가? 회복의 수단은 있는가? 그렇다. 하나님께 감사하라!

하나님이 우리에게 기도의 골방을 가르쳐 주신 것은 우리를 죄에서 구하신 주 예수 그리스도를 통해서이다. 그분은 우리를 이 죄에서 구원하고자 하시며, 그렇게 하실 것이다. 그분은 우리의 모든 죄를 떠맡으시면서 기도하지 않는 죄만 우리의 힘으로 해결하도록 놔두지 않으셨다. 그렇다. 우리는 이번에도 주께 다가가 부르짖을 수 있다. "주여, 원하시면 저를 깨끗하게 하소서." "주여, 제가 믿나이다. 저의 믿음 없음을 도우소서."

당신은 이 죄 사함을 어떻게 경험할 수 있는가? 모든 죄인은 주께 나아가야 한다는 잘 알려진 방법을 통해서이다. 죄를 인정하는 것으로부터 시작해 어린아이같이 단순하게 그분 앞에서 당신이 기도의 골방을 무시하고 더럽혔음을 고백하라. 깊은 부끄러움과 슬픔으로 그 앞에 엎드리라. 당신의 마음이 혼자 힘으로도 충분히 기도할 수 있다고 당신을 속였음을 고백하라. 당신은 보잘것없이 나약한 육신과 이 세상의 힘과 자만심으로 인해 길을 엇나갔으며, 이제 더 나아질 수 있는 힘이 없음을 고백하라. 전심으로 그렇게 하라. 스스로의 해결책과 노력으로는 회복될 수 없다.

죄와 약함 가운데 기도의 자리로 들어가서 전에는 미처 하지 못한 감사로 하나님께 감사하기 시작하라. 주 예수의 은혜가 당신이 어린아이처럼 아버지와 대화할 수 있게 할 것이다. 다시 한 번 예수께 당신의 전 생명과 의지뿐 아니라 모든 죄와 비참함을 내려놓는다면 그분이 당신을 씻어주시고 소유하시며, 그분이 원하는 대로 다스리실 것이다.

당신의 마음이 차갑고 무감각하더라도 그리스도가 전능하고 신실한 주님이심을 믿고 바라라. 용서하심을 분명히 확신하게 될 것이다. 기대하라. 당신은 기도의 골방이 예수 그리스도의 영광스러운 은혜의 계시이며, 하나님과 교제를 나누고 하나님과 동행하기 위해 필요한 능력과 힘을 받는 등 인간이 스스로 할 수 없는 일들을 가능하게 한다는 것을 이해하게 될 것이다.

3부 오순절의 깊은 비밀

주님의 십자가 정신

우리는 이 땅에서 십자가에서 죽으신 자로서
예수님을 알고 경험해야 한다.

때때로 우리는 사역에 더 많은 힘을 공급 받기 위한 목적으로, 또는 삶 속에서 더 사랑하며 살기 위해, 더욱 거룩한 마음을 가지기 위해, 성경 연구나 인생의 행로에 빛이 비치게 하기 위해 성령의 역사를 구한다. 그러나 이 모든 선물은 하나님의 위대한 목적에 부속된 것일 뿐이다. 성부 하나님은 성자에게 성령을 부어주셨고, 성자는 우리에게 예수 그리스도를 드러내고 영화롭게 하라는 한 가지 목적을 위해 성령을 주셨다.

거룩하신 그리스도는 우리에게 항상 동행하시고 내주하시는 진실로 살아 계신 인격체가 되셔야 한다. 이 땅에서 우리의 삶은 날마다 하늘에 계신 주 예수와 지속적이고 거룩한 교제 안에서 살아야 한다. 이것이 믿는 자들에게 임하는 성령의 최초의, 그리고 최고의 사역이어야 한다. 우리 삶 속에서 그리스도의 삶을 알고 경험하게 하는 것이어야 한다. 하나님은 우리의 속사람이 그분의 성령의 능력으로 강건해져서 믿음으로 그리스도가 우리에게 내주하시고, 하나님의 모든 사랑의 충만함으로 채워지게 하기를 원하신다.

이것이야말로 최초의 제자들이 가졌던 기쁨의 비밀이었다. 그들은 부활하신 그리스도가 마음속에 임하셨을 때 잃어버렸다고 생각해 두려워했던 주 예수를 다시 얻었다. 그리고 이것은 오순절을 위한 그들의 준비였다. 그들의 관심은 전적으로 그리스도와 동행하는 것이었다. 말 그대로 주님은 그들의 전부였다. 그들의 마음은 무엇으로도 채울 수 없어 텅 비어 있었고, 오직 성령이 그들을 그리스도로 채우셔야 했다. 그들은 성령 충만함을 받아 주님이 원하셨던 대로 삶과 사역의 힘을 얻었다. 바로 이것이 우리의 소망과 기도와 경험의 위대한 목적이 아닌가. 주님은 우리가 그토록 얻고자 애쓰며 기도하는 축복이 날마다 기도의 방에서 그리스도와 친밀한 교제를 충실하게 계속하는 것 외에 다른 무엇으로도 얻을 수 있거나 더해지지 않음을 우리에게 가르쳐 주신다.

그러나 나는 여전히 오순절에 관한 더 깊은 비밀이 남아 있는 것

같이 생각되었다. 이 생각은 아마도 하늘에 계신 주 예수에 대한 우리의 생각이 너무 편협하기 때문에 생겨났을 것이다. 우리는 하나님의 찬란한 영광의 보좌에 계신 예수님을 생각한다. 우리는 또한 예수님이 자기 자신을 내어주시게 만든 헤아릴 수 없는 사랑을 생각한다. 그러나 무엇보다 그분이 이 땅에서 십자가에 못 박히신 분으로 알려져 있다는 사실을 너무 쉽게 잊어버린다. 하나님의 보좌에 오르신 분은 십자가에 못 박혀 죽으셨던 자이다. "내가 또 보니 보좌와 네 생물과 장로들 사이에 한 어린 양이 서 있는데 일찍이 죽임을 당한 것 같더라"(계 5:6).

십자가에 못 박히신 자로서 그분은 아버지의 영원한 기쁨과 모든 피조물의 경배의 대상이시다. 그러므로 우리는 이 땅에서 십자가에서 죽으신 자로서 예수님을 알고 경험해야 한다. 우리는 사람들로 하여금 그분과 우리의 속성이 어떻게 다른지와 그들이 구원의 참여자가 되게 하는 힘이 무엇인지 깨닫게 해야 한다.

나는 십자가가 그리스도의 최고의 영광이라고 생각한다. 그리스도가 영원하신 성령으로 말미암아 흠 없는 자신을 하나님께 드린 것(히 9:14)보다 더 영광스러운 일을 성령은 하셨던 적도, 하실 수도 없다. 성령의 가장 위대하고 영광스러운 일은 우리를 십자가의 만남의 자리로 데려가시고, 예수 그리스도 안에 나타난 그 십자가의 영으로 우리 안에서 일하시는 것이다. 질문이 연이어 떠오른다. "이것이 바로 성령의 거룩한 역사를 위한 우리의 기도가 응답될 수 없는 진짜 이유가 아닌가?" "우리는 십자가에서 영광을 받으신 그리스도를 알게 하고 그와 같이 되도록 도우시는 성령을 받는 것에 너무 소홀하지 않았나?" "이것이 오순절의 가장 깊은 비밀이 아닌가?"

성령은 그리스도가 자신을 굳건히 하나님께 드렸던 장소인 십자가로부터 우리에게 임한다. 성령은 그리스도의 복종에 대한 최고의 증거로 나타난 겸손과 순종과 희생을 말할 수 없이 기뻐하며 바라보셨던 아버지로부터 온다. 성령은 십자가를 통과하고, 아버지에게서 그 영의 충만을 받아 이 세상에 나누어 주시려는 그리스도에게서 온다. 성령은 우리의 마음속에 보좌 가운데에서 죽임 당한 어린양 그리스도를 드러내고, 우리로 천국의 천사들처럼 이 땅에서 예수님을 경배하게 하기 위해 온다. 무엇보다 성령은 우리에게 죽임 당한 그리스도의 생명을 나누어 주셔서 우리가 진실 되게 "내가 그리스도와 함께 십자가에 못 박혔나니 그런즉 이제는 내가 사는 것이 아니요, 오직 내 안에 그리스도께서 사시는 것이라"(갈 2:20)고 고백할 수 있게 한다.

우리는 어떤 방법으로든 이 비밀을 이해하기 위해 먼저 십자가의 의미와 가치를 묵상해야 한다.

그리스도의 순종

우리는 십자가에서 인간의 죄와 저주라는 짐 아래 있는
가장 밑바닥까지 자신을 낮추신 예수님의 겸손함을 볼 수 있다.

십자가는 반드시 두 가지 측면에서 바라보아야 한다. 첫 번째는 십자가가 성취해 낸 일이다. 바로 죄의 용서와 정복이다. 이것은 십자가가 죄인들에게 주는 첫 번째 메시지이다. 이것은 죄인에게 죄의 권세로부터 자유와 완전한 구원을 선포한다. 두 번째는 십자가에서 나타난 정신, 혹은 마음이다. 이것을 잘 표현한 것이 빌립보서 2장 8절 말씀이다. "사람의 모양으로 나타나사 자기를 낮추시고 죽기까지 복종하셨으니 곧 십자가에 죽으심이라." 여기서 우리는 인간의 죄와 저주라는 짐 아래 있는 가장 밑바닥까지 자신을 낮추신 예수님의 겸손함을 볼 수 있다. 또한 하나님의 모든 뜻에 따른 최대의 순종과 십자가에서 죽기까지 한 희생 등 이 세 가지는 모두 예수님의 인성과 사역의 완벽한 조화를 보여준다.

그로 인해 하나님이 그를 지극히 높이셨다. 예수님을 아버지의 기쁨과 천사들의 경배와 모든 구속 받은 자들의 사랑과 신뢰의 대상이 되게 한 것은 바로 십자가의 정신이었다. 그리스도의 이 지극한 겸손과 죽기까지 하나님의 뜻을 따른 순종, 십자가의 죽음으로 이끈 자기희생 등은 그분을 '일찍이 죽임을 당한 하나님의 어린양으로 보좌 가운데 서 계신 분'으로 만들었다.

03

우리의 십자가 정신

십자가에 참여하는 것은 우리의 의무이자 복된 특권이다.

그리스도가 이루신 모든 일은 우리를 위한 것이었으며, 우리 안에 거하시기 위한 것이었다. 십자가의 정신은 그분의 축복과 영광이었다. 무엇보다 우리에게도 그러해야 한다. 그리스도는 우리에게 그분의 형상을 이루기 원하셨고, 그분이 가진 모든 것을 가득히 나눠주고자 하셨다. 우리가 자주 인용하는 바울의 글을 보자. "너희 안에 이 마음을 품으라. 곧 그리스도 예수의 마음이니." 또한 바울은 이렇게 말했다. "우리가 그리스도의 마음을 지녔나니."

십자가에 참여하는 것은 우리의 거룩한 의무일 뿐만 아니라 약속에 따라 우리에게 성령을 부어주시는 말할 수 없이 복된 특권이다. "그가 내 것을 가지고 너희에게 알리시리라." "그가 나를 영화롭게 하리라." 성령은 그리스도 안에 이 마음을 주셨으며, 우리에게도 그렇게 하실 것이다.

04

십자가에 오르다

예수님은 우리들의 죄로 인해 자신에게 떠맡겨진
죽음이라는 형벌을 항상 의식하고 계셨으며
마지막까지 그것을 견디셨다.

주님이 제자들에게 자신을 따라오려면 십자가를 져야 한다고 말씀하셨을 때 제자들은 그 뜻을 이해하지 못했다. 주님은 제자들이 이를 진지하게 생각하도록 일깨우기 원하셨기 때문에 그들에게 자신이 십자가를 지는 모습을 볼 수 있는 시간을 주셨다. 주님은 세례 받는 자리에 기꺼이 가심으로써 죄인들 중의 하나로 헤아림을 받았던 요단에서부터 항상 마음속에 십자가를 지고 계셨다. 다시 말해 그분은 죄로 인해 자신에게 떠맡겨진 죽음이라는 형벌을 항상 의식하고 계셨으며, 마지막까지 그것을 견디셨다.

제자들이 이것에 관해 생각하면서 주님이 무슨 뜻으로 그런 말씀을 하셨는지 의아해 했을 때 오직 한 가지만이 그들의 깨달음에 도움이 되었을 뿐이다. 그것은 사형의 형벌이 선고되어 정해진 장소까지 자신의 십자가를 지고 가야 하는 한 남자의 모습이었다.

그리스도는 동시에 이렇게 말씀하셨다. "자기의 목숨을 잃는 자는 얻을 것이다." 그분은 제자들에게 자신의 목숨을 미워해야 한다고 가르치셨다. 그들의 본성이 너무나 악하기 때문에 죽음만이 그들이 원하는 바를 채울 수 있었다. 죽음 외에는 그 값을 감당할 수가 없었다.

점차 그들에게 십자가를 져야 한다는 의미가 가까이 다가오기 시작했다. "내 인생은 죽음이라는 형벌 아래 있으며, 이 형벌을 의식할 때만이 나는 내 육체, 내 죄악 된 본성을 지속적으로 죽음에 굴복시킬 수 있다는 생각이 들게 되었다." 마침내 제자들은 그리스도가 짊어지신 십자가만이 죄에서 구원하는 유일한 능력이며, 그들은 먼저 그분으로부터 십자가의 정신을 이어받아야 한다는 것을 깨닫게 되었다. 그들은 자신들의 나약함과 무가치함 가운데 자기 자신을 낮춘다는 것과 위대한 일이든 사소한 일이든 모든 것에 자신의 뜻을 십자가에 못 박는 순종이 무엇인지 배워야 했다. 또 육체나 세상을 기쁘게 하지 않는 자기 부인이 무엇을 의미하는지 배워야 했다.

"자기 십자가를 지고 나를 따라오라." 이것은 예수님이 제자들을 위해 그분의 마음과 성품이 제자들의 것이 되게 하고, 그분의 십자가 역시 바로 그들의 것이 되게 하기 위해 준비하셨던 말씀이다.

05

십자가에 못 박히다

그리스도 안에서 우리가 죄에 대해 죽었음을 늘 기억해야 한다.

예수님이 십자가에 오르는 것과 자신의 생명을 버리는 것에 관
해 하신 말씀을 통해 제자들에게 가르쳐 주고 싶으셨던 교훈은 그
리스도가 십자가에서 죽은 후 높이 올림을 받고 성령이 부어진 후
에 기록된 바울의 말을 통해 알 수 있다. "내가 그리스도와 함께 십
자가에 못 박혔나니…. 그러나 내게는 우리 주 예수 그리스도의 십
자가 외에 결코 자랑할 것이 없으니 그리스도로 말미암아 세상이
나를 대하여 십자가에 못 박히고 내가 또한 세상을 대하여 그러하
니라"(갈 2:20, 6:14).

바울은 모든 믿는 자들이 그리스도와 함께 십자가에 못 박혔음을

증명하는 삶을 살기 원했다. 그는 우리의 마음속에 거하려고 오신 그리스도는 십자가에 못 박힌 그리스도이시며, 그분의 생명을 통해 친히 우리에게 진정한 십자가의 정신을 주실 것임을 이해하기 바랐다. 그래서 그는 "우리 옛사람이 주와 함께 십자가에 못 박혔다" "그리스도의 사람은 육체를 십자가에 못 박았다"라고 말했다.

십자가에 못 박힌 그리스도를 믿음으로 영접할 때 그들은 육체를 죽음에 내어준 것이다. 그 육체는 갈보리에서 완전하게 사형에 처해졌다. 바울은 말했다. "만일 우리가 그의 죽으심과 같은 모양으로 연합한 자가 되었으면"(롬 6:5). 그리스도 안에서 우리가 죄에 대해 죽었음을 늘 기억해야 한다.

바울을 통한 성령의 이 말씀은 우리에게 우리가 지속적으로 십자가와 연합함으로써 십자가에 못 박히시고 살아나신 주 예수 그리스도와 교제 속에서 그분과 동행해야 한다고 가르친다. 십자가의 보호와 보살핌과 구원으로 영원히 사는 것은 영혼이며, 그것만이 우리가 영원토록 예수 그리스도와 동행하는 것을 기대할 수 있게 한다.

06

십자가와 연합

예수님의 능력을 우리가 날마다 실제로 소유하고
분명히 경험할 수 있다면 얼마나 좋겠는가.

많은 사람들이 구원에 관한 그들의 소망을 십자가에서의 구속에
두면서도 십자가와 연합에 관해서는 잘 이해하지 못한다. 그들은
십자가가 그들에게 준 것들, 즉 죄의 용서와 하나님과 화평에 의존
하는 것 같지만 사실은 주님과 교제 없이도 오랫동안 살아갈 수 있
다. 그들은 '보좌 가운데 계신 어린양'으로 하늘에 계실 뿐 아니라
십자가에서 죽으신 주님과 마음으로 연합하기 위해 날마다 싸우는
것이 무슨 뜻인지 알지 못한다.

만약 보좌에 계신 주님에 대한 비전이 우리에게 영적인 능력을
공급하고, 보좌에 어린양이 계신 것이 분명하듯 이곳에도 분명히

계시는 그분의 능력을 우리가 날마다 실제로 소유하고 분명히 경험할 수 있다면 얼마나 좋겠는가!

그것이 가능할까? 의심할 여지없이 그렇다. 그 위대한 기적이 왜 일어났는가? '보좌에 서 있는 일찍이 죽임을 당한 어린양 이신 영광 받으신 예수님이 우리와 함께 이 땅 어디에든 거하시게 하려 함이 아니었다면 왜 하늘로부터 성령이 임했겠는가? 앞으로 묵상을 통해 이것을 더욱 분명히 깨닫도록 노력하자.

07

성령과 십자가

성령은 항상 우리를 십자가로 이끄신다. 그리스도에게도 마찬가지였다. 성령이 그를 가르치셨고, 그로 하여금 자기 자신을 흠 없이 하나님께 드리게 하셨다. 제자들에게도 마찬가지였다. 그들에게 충만한 성령은 십자가에서 죽은 이가 바로 그리스도라고 전하게 만드셨다. 후에 제자들이 그리스도를 위해 고난 받을 각오가 되었을 때 성령은 그들을 십자가와 연합이라는 영광의 자리로 인도하셨다.

그리고 십자가는 그들을 다시 성령으로 이끌었다. 십자가에 못 박히셨던 주님 앞에 3천 명이 무릎을 꿇었을 때 그들은 성령의 약속을 받았다. 제자들이 십자가와 연합한 경험을 즐거워했을 때 그들은 성령을 새롭게 받았다. 성령과 십자가의 연합은 분리될 수 없다. 이 둘은 불가분의 관계로 서로에게 속해 있다. 특히 바울 서신에서 이 사실을 보게 된다.

"예수 그리스도께서 십자가에 못 박히신 것이 너희 눈 앞에 밝히 보이거늘… 내가 너희에게서 다만 이것을 알려 하노니 너희가 성령을 받은 것이 율법의 행위로냐 듣고 믿음으로냐"(갈 3:1-2).

"그리스도께서 우리를 위하여 저주를 받은 바 되사 율법의 저주에서 우리를 속량하셨으니… 이는 그리스도 예수 안에서 아브라함의 복이 이방인에게 미치게 하고 또 우리로 하여금 믿음으로 말미암아 성령의 약속을 받게 하려 함이라"(갈 3:13-14).

"때가 차매 하나님이 그 아들을 보내사… 율법 아래에 있는 자들을 속량하시고… 그 아들의 영을 우리 마음 가운데 보내사…"(갈 4:4-6).

"그리스도 예수의 사람들은 육체와 함께 그 정욕과 탐심을 십자가에 못 박았느니라. 만일 우리가 성령으로 살면 또한 성령으로 행할지니"(갈 5:24-25).

"너희도 그리스도의 몸으로 말미암아 율법에 대하여 죽임을 당했으니… 이제는 우리가 얽매였던 것에 대해 죽었으므로… 영의 새로운 것으로 섬길 것이요"(롬 7:4-6).

"이는 그리스도 예수 안에 있는 생명의 성령의 법이 죄와 사망의 법에서 너를 해방했음이라. …하나님은… 육신에 죄를 정하사 육신을 따르지 않고 그 영을 따라 행하는 우리에게 율법의 요구가 이루어지게 하려 하심이니라"(롬 8:2-4).

성령과 십자가는 항상, 그리고 모든 일에 나눠지지 않는다. 천국에서도 마찬가지이다. "보좌와 네 생물과 장로들 사이에 한 어린 양이 서 있는데 일찍이 죽임을 당한 것 같더라. 그에게 일곱 뿔과 일곱 눈이 있으니 이 눈들은 온 땅에 보내심을 받은 하나님의 일곱 영이더라"(계 5:6). 성경은 계속해서 기록하고 있다. "또 그가 수정같이 맑은 생명수의 강(이것이 곧 성령이 아닌가!)을 내게 보이니 하나님과 및 어린 양의 보좌로부터 나와서"(계 22:1). 모세가 반석을 내리쳤을 때 물이 흘러나왔고, 그 물을 이스라엘 민족이 마셨다. 반석이신 그리스도가 말 그대로 죽음에 내쳐지고 죽임 당한 어린 양으로서 하나님의 보좌에 앉으셨을 때 온 세계를 위한 성령의 충만함이 보좌 밑에서 흘러나왔다.

우리가 먼저 십자가의 온전한 능력 아래 거하지 않고 성령의 충만을 위해 기도하는 것은 얼마나 어리석은가! 120명의 제자를 생각해 보라. 그리스도의 십자가에 못 박히심이 그들의 마음을 감동시키고, 부서지게 하고, 온전히 소유했다. 그들은 다른 어떤 것도 생각하거나 말할 수 없었다. 십자가에서 죽으셨던 분은 제자들에게 그 손과 발을 보여주시며 그들에게 말씀하셨다. "성령을 받으라." 또한 하늘로 올리신 십자가에 못 박히셨던 그리스도로 충만했던 그들의 마음은 성령을 받을 준비가 되어 있었다. 그들은 사람들에게 담대히 외쳤다. "회개하고 십자가에 못 박히신 자를 믿으라." 그러자 그들도 성령을 받았다.

그리스도는 자신을 완전히 십자가에 내어주셨다. 제자들도 그렇게 했다. 십자가는 또한 우리에게도 이것을 요구하고, 우리의 전 생애를 소유하기 원한다. 이 명령에 응하기 위해서 우리에게 요구되는 것은 강력한 의지의 행동이다. 또한 연약함 가운데 자기 자신을 주저 없이 헌신하는 사람들에게 확정된 하나님의 강력한 역사가 필요하다.

08

십자가와 육체

우리는 육체를 십자가에 못 박아야 마땅한 것으로 여겨야 한다.

십자가와 육체는 치명적인 원수이다. 십자가는 육체를 십자가에
못 박기 원하고 그것을 명한다. 육체는 십자가를 뒤로 하고 물리치
기를 원한다. 많은 사람들이 성령의 충만함을 받기 위한 준비로 십
자가를 경험해야 한다고 들을 때 자신들 안에 십자가에 못 박혀야
하는 무언가가 거하고 있다는 것을 깨닫게 될 것이다. 우리는 인간
의 모든 본성이 죽음의 형벌을 받았으며, 십자가에서 죽어야만 그
리스도 안에 있는 새로운 생명이 우리를 지배할 수 있음을 깨달아
야 한다. 인간 본성의 타락한 상태와 그것이 하나님을 대적한다는
사실을 간파해야만 우리가 육체로부터 자유로워지기를 원할 뿐 아

니라 완전히 자유로워질 수 있다.

우리는 바울처럼 말할 수 있어야 한다. "내 속, 곧 내 육체에 선한 것이 거하지 않는다." "육체의 생각은 하나님과 원수가 되게 한다. 그것은 하나님의 법에 굴복하지도 않고 그렇게 될 수도 없다." 육체의 본질은 하나님과 그분의 거룩한 법을 미워하는 것이다. 구원이 놀라운 것은 그리스도가 하나님이 육체에 정하셨던 심판과 저주를 십자가에서 견뎌내셨고, 육체를 저주 받은 나무에 영원히 못 박아 놓으셨기 때문이다. 우리가 '육체의 저주 받은 상태'에 관한 하나님의 말씀을 믿기만 하고 그것으로부터 해방되기를 바라면 원수의 능력으로부터 구원을 선사한 십자가를 사랑하게 된다.

"우리의 옛사람이 그리스도와 함께 십자가에 못 박혔다." 우리의 유일한 희망은 이것을 믿음으로 받아 굳게 잡는 것이다. "그리스도 예수의 사람들은 육체를 십자가에 못 박았느니라." 그들은 날마다 기꺼이 자기 속에 있는 육체를 하나님을 대적하고, 그리스도를 대적하고, 영혼의 구원을 대적하는 것으로 여기고 그것을 십자가에 못 박아야 마땅한 것으로 여길 것이다.

이것이 그리스도가 우리에게 베푸신 영원한 구원의 한 부분이다. 그것은 우리의 생각으로 파악하거나 우리의 힘으로 이루어 낼 수 있는 것이 아니다. 그것은 우리가 날마다 주와 동행하고 하나님께로부터 모든 것을 받고자 할 때 예수 그리스도가 친히 우리에게 주시는 선물이다. 성령이 우리에게 가르쳐 주시고, 경험하게 해주시고, 어떻게 육체에 속한 모든 것을 파하고 승리를 가져다 줄 수 있는지 보여주실 것이다.

십자가와 세상

하나님은 세상 권세에 대항토록 우리에게
십자가와 성령이라는 위대한 능력을 주셨다.

나 자신의 작은 테두리 안에 육체가 있는 것처럼 인류라는 더 큰 테두리 안에 세상이 있다. 육체와 세상은 같은 '이 세상 신'을 섬기고, 그것이 나타내는 두 가지 명시다. 십자가가 육체를 저주 받은 것으로 다룰 때 우리는 즉시 이 세상의 본질과 그 권세가 무엇인지 알게 된다. "그들은 나와 아버지를 둘 다 미워했다." 그 증거는 그 두 가지가 그리스도를 십자가에 못 박았다는 것이다. 그러나 그리스도는 십자가에서 승리를 획득하시고 우리를 세상 권세로부터 풀어주셨다. 이제 우리는 이렇게 말할 수 있다. "그러나 내게는 우리 주 예수 그리스도의 십자가 외에 결코 자랑할 것이 없으니 그리스도로 말미암아 세상이 나를 대하여 십자가에 못 박히고 내가 또한 세상을 대하여 그러하니라"(갈 6:14).

바울에게 십자가는 날마다 거룩한 현실이었다. 그는 십자가로 인해 세상에서 고난을 받아야 했으며, 동시에 십자가는 그에게 지속적으로 승리를 가져다주기도 했다. 이것은 요한의 글에서도 볼 수 있다. "또 아는 것은 우리는 하나님께 속하고 온 세상은 악한 자 안에 처한 것이며"(요일 5:19). "예수께서 하나님의 아들이심을 믿는 자가 아니면 세상을 이기는 자가 누구냐. 이는 물과 피로 임하신 이시니 곧 예수 그리스도시라. 물로만 아니요 물과 피로 임하셨고 증언하는 이는 성령이시니 성령은 진리니라"(요일 5:5-6). 하나님은 이 세상 신의 이 두 가지의 권세에 대항토록 하늘로부터 우리에게 두 가지의 위대한 능력을 주셨다. 바로 십자가와 성령이다.

10

성령이 나타내는 십자가

당신의 기도 가운데 성령이 그리스도와 그분의 사랑,
그분의 십자가를 드러내고 영화롭게 하실 것이다.

왜 많은 사람들이 하나님의 성령이 우리를 소유하셨으며, 그것을 증언할 새로운 능력을 주셨다는 사실을 기쁜 마음으로 전파하지 않는가? 그보다 더욱 중대하고 마음을 찌르는 질문이 더 있다. 그들을 주저하게 하는 것은 무엇인가? 하늘에 계신 아버지는 그분의 자녀에게 일용할 양식을 주시는 데 있어 이 땅의 아버지보다 더욱 적극적이시다. 하지만 우리들 사이에서는 여전히 이런 불만이 나오고 있다. "성령이 너무 엄격하고 구속적이지 않은가? 이것이 그분의 사역인가?"

많은 사람들은 그 주저함의 원인이 의심할 여지없이 교회가 지나치게 육체와 세상에 따라 요동한다는 사실임을 인정할 것이다. 그들은 그리스도의 십자가의 예리한 능력을 잘 이해하지 못하고 있다. 그 때문에 성령이 그 충만함을 부어주실 그릇이 없다. 그럼에도 많은 사람들이 이 문제가 그들에게 너무 어렵거나 심각하다고 불평한다. 이것은 우리가 바울이나 그리스도의 가르침을 얼마나 실천하지 못하고 있는지를 보여주는 증거이다.

이제 당신에게 한 가지 기쁜 소식을 주고자 한다. 당신 안에 거하시는 성령은 당신의 그릇이 아무리 작더라도 당신을 십자가로 인도하기 위해 그분의 가르침을 주실 것이다. 그리고 성령의 신령한 가르침으로 그리스도가 당신 안에서, 또 당신을 위해 무슨 일을 하기 원하시는지 알게 하실 것이다.

그러나 성령은 당신에게 천국의 비밀을 깨우쳐 주기 위해 시간을 요구하실 것이다. 그분은 당신이 개인적인 기도를 소홀히 하는 것이 어떻게 그리스도와 교제와 십자가에 관한 지식, 그리고 성령의 강력한 역사를 방해하는지 깨닫기 원하신다. 그분은 자기를 부인하고, 십자가에 올라 생명을 버리고, 주를 따르는 것이 무슨 뜻인지 당신에게 가르쳐 주실 것이다. 비록 당신이 십자가에 관해 무지하다고 느끼고, 십자가에 관한 영적인 통찰과 교제가 부족하다고 할지라도 그분은 당신에게 모든 기대를 넘어서는 영적인 삶의 비밀을 가르치시고 알려주실 능력과 뜻이 있다.

처음부터 다시 시작하라. 기도의 방에서 충실해라. 거기서 당신이 하나님을 만나고 의지할 수 있음에 감사하라. 비록 모든 것이 차갑고 어두워 보이고 속박되어 있다고 느낄지라도 사랑이 깊은 주 예수 앞에 조용히 엎드리라. 그분은 지금도 당신을 간절히 기다리고 계신다. 당신에게 성령을 주신 아버지 하나님께 감사하라. 육체와 세상, 십자가 등 당신이 아직 모르는 모든 것, 그리고 깨닫기 원하는 것을 확실히 깨달으라. 당신에게 내주하시는 그리스도의 영이 분명히 깨우쳐 주실 것이다. 이 축복이 당신을 위한 것임을 믿기만 하라.

그리스도는 완전히 당신에게 속했고, 당신에 대한 온전한 소유를 갈망하신다. 그분은 성령을 통해 당신을 소유하실 수 있고, 그렇게 하실 것이다. 그러나 이를 위해서는 시간이 필요하다. 날마다 그분께 기도로 시간을 드리라. 당신은 그분이 그분의 약속을 당신에게 성취하실 것임을 확신할 수 있다. "나의 계명을 가지고 지키는 자라야 나를 사랑하는 자니 나를 사랑하는 자는 내 아버지께 사랑을 받을 것이요 나도 그를 사랑하여 그에게 나를 나타내리라"(요 14:21).

당신이 스스로를 위해 구하는 모든 것에 덧붙여 당신의 성도들과 교회와 당신의 목회자, 그리고 모든 신자들과 하나님의 모든 교회를 위해 꾸준히 기도하면 하나님이 그분의 성령을 통해 그들을 능력으로 강하게 하실 것이다. 그리하여 믿음에 의해 그리스도가 그들의 마음속에 머무실 것이다. 응답을 받는 시간은 얼마나 축복될 것인가! 기도를 계속하라. 성령이 그리스도와 그분의 사랑, 또한 '보좌 가운데 죽임을 당한 어린양' 으로서 그리스도와 그분의 십자가를 드러내고 영화롭게 하실 것이다.

우리의 머리이신 그리스도는 십자가에서 가장 낮은 자리를 택하셨고, 우리 역시 그분의 지체로서 가장 낮은 자리에 있도록 하셨다. 그러나 하나님의 영광의 광채(히 1:3)는 사람들에게 멸시를 당하셨다(사 53:3). 그때부터 우리가 가진 유일한 권리는 가장 마지막과 가장 밑바닥이 되어야 하는 것이다. 그 이상을 주장한다면 아직 십자가를 올바로 이해하지 못한 때문이다.

우리는 더 높은 수준의 삶을 구한다. 만약 우리 주님과 십자가의 교제에 더 깊이 빠져든다면 그 삶을 발견할 것이다. 하나님은 십자가에 못 박힌 자를 가장 높은 자리로 올리셨다(갈 2:19). 우리도 십자가에 못 박히신 주님을 영화롭게 해야 한다.

우리는 온전한 승리를 갈망한다. 주님의 십자가에 온전히 빠져들면 우리는 이 승리를 얻는다. 어린양은 그 손과 발이 십자가에 못박혔을 때 가장 위대한 승리를 획득하셨다. 우리는 십자가의 그늘 밑에 거하는 동안에만 전능하신 분의 그늘에 거할 수 있다. 십자가는 우리의 본향이 되어야 한다. 그곳에서만 우리가 편히 쉴 수 있다. 우리가 주님의 십자가를 이해할 때 비로소 자기 자신의 십자가를 이해할 수 있다. 그리고 그 십자가에 가까이 다가가 그것을 볼 뿐만 아니라 만지기를 원하게 된다. 더 나아가 우리는 십자가를 지고, 그것이 나의 십자가가 되도록 한다. 그때 십자가는 우리 안에서 그 권세가 나타나고, 우리는 하나님의 능력이 특별히 십자가로 나타나는 것을 경험하게 되며, 더 이상 십자가 밑에서 쓰러지지 않고 기쁨으로 그것을 지게 된다.

십자가가 없다면 예수님은 어떻게 되셨을까? 그분의 찔린 발은 원수의 머리를 상하게 했고, 그분의 찔린 손은 원수를 완전히 결박했다(마 12:29). 십자가가 없다면 우리는 어떻게 되는가? 십자가를 지나치지 말고 굳게 붙들자. 주님이 밟지 않으신 길을 우리가 지나갈 수 있다고 생각하는가? 많은 사람들이 십자가를 지려고 하지 않기 때문에 어떤 성장도 할 수 없는 것이다.

이 책에서 어떤 단어가 독자들의 생각에 영향을 줄 수 있겠는가! 작가의 생각을 이해하고 자기 것으로 만들어서 새로운 통찰력을 얻는 것과 지식이 가져다준 즐거움으로 기뻐하는 것만으로는 충분하지 않다. 훨씬 중요한 무언가가 있다. 그렇다. 진리에 나 자신을 굴복시켜야 한다. 그래야 하나님의 뜻에 따라 배우게 될 모든 것을 타협 없는 의지로써 즉시 실행할 준비를 갖출 수 있다.

기도의 삶과 하나님과 은밀한 교제를 다루는 이와 같은 종류의 책에서는 우리가 말씀과 하나님의 뜻에 따라 깨닫게 되는 모든 것을 받아들이고 순종할 각오가 되어 있는 것이 꼭 필요하다. 이 수용과 순종의 마음가짐이 부족한 채 지식만으로는 더 풍성한 삶을 얻을 수 없다.

사탄은 그리스도인의 기도 시간의 주인이 되려고 갖은 노력을 기울인다. 왜 그런가? 사탄은 우리가 기도에 충실하지 않을 때 삶에서 천국의 자리를 조금씩 더 잃어가게 된다는 것을 알기 때문이다. 구원 받지 못한 사람들을 주께로 인도하거나 하나님의 자녀를 키워내는 영적인 능력은 기도 없는 삶에서는 절대로 흘러나오지 않는다. 그 능력은 오직 꾸준한 기도로부터 나온다.

중요하고 강력한 질문이 있다. 우리는 사탄이 얼마간 빼앗아 간 믿음의 기도라는 무기를 되찾기 위해 결단할 각오가 되어 있는가? 우리는 이 중대한 문제를 심각하게 생각해야 한다. 목회자라면 그가 매일 하늘로부터 오는 힘을 옷 입어야 하는 기도의 사람인지 아닌지에 모든 것이 달려 있다. 전 세계의 모든 교회들과 마찬가지로 우리는 하나님을 섬기면서 기도가 하나님의 뜻과 약속에 따른, 그리고 목회자와 성도들과 교회의 필요에 따른 제자리에 자리 잡고 있지 않다는 사실에 한탄해야 한다.

많은 신자들이 집회에서 고백하는 공적인 헌신은 쉬운 것이 아니다. 더욱이 그 단계를 밟을 때 옛 습관과 육체의 힘이 그것을 무효화시키려고 하는 경향이 있다. 믿음의 능력도 아직 왕성하지 않다. 당연히 그리스도의 이름으로 마귀를 정복하기 위한 노력과 희

생이 필요할 것이다. 교회는 사탄이 우리가 기도의 사람이 되는 것,
즉 주님 안에서 하늘과 땅의 승리를 강력히 얻는 자가 되지 못하도
록 방해하려고 온 힘을 모으는 전쟁터이다. 이것은 우리 자신과 성
도들과 하나님의 나라를 위해 얼마나 중요한가!

　나는 두렵고 떨리는 마음과 많은 기도로 내가 믿는 것이 그리스
도인들에게 이 문제를 해결하는 데 도움이 되도록 하기 위해 이 글
을 써왔다. 나는 내가 무익한 사람이라는 것을 깊이 느끼며 내 자신
을 기도의 자리로, 거룩함과 하나님과 교제로 인도하는 안내자가
되기 위한 모험을 감수했다.

　나는 주님께 이 책이 기도의 방에서 한자리를 차지하게 해주시
고, 읽는 자들을 도우셔서 그가 하나님의 뜻을 깨닫고 즉시 자신을
헌신하게 인도해 주시기를 간구해 왔다. 전쟁은 각각의 군사들이
생명을 바쳐 명령에 복종하는 것에 모든 것이 달려 있다. 마찬가지
로 사탄과 싸움에서도, 우리 개개인이 이 단순한 책을 읽는 것에서
도 마음속에 "하나님이 말씀하시면 제가 따르겠나이다. 당신의 뜻
이라고 깨달아지는 것은 즉시 받아들이고 그에 따라 행하겠습니
다"라고 말할 준비가 되어 있어야 한다.

　하나님이 우리 모두에게 헌신하는 심령을 주셔서 우리가 하나님
의 말씀에 따라 이 책에서 읽은 것을 즉시 순종할 수 있기를 바란

다. 하나님이 그분의 위대한 은혜로 우리가 서로를 생각하고 도와
주는 친교의 띠를 나타내게 해주시고, 기도의 싸움에 강하게 하시
기를! 그로 인해 원수는 정복되고, 하나님의 생명이 영광스럽게 나
타나게 될 것이다.

예수 그리스도를 영접하고 그 이름을 믿는 사람은 하나님의 자녀라는 영광스러운 직분을 얻었습니다. 자녀라면 누구나 아버지와 대화하며, 자신의 일상사를 이야기하고, 아버지로부터 받을 수 있는 유익을 구할 것입니다. 그리스도인은 기도로 하나님 아버지와 대화합니다. 특히 목회자에게 있어 기도 생활은 교회 전체에 영적인 영향을 미치게 됩니다. 그러나 실제로는 일반 성도들이나 목회자들이 기도를 통해 하나님을 만나고, 성경에 약속된 풍성한 축복들을 누리는 경우가 그리 많지 않은 것 같습니다.

앤드류 머레이는 이와 같이 기도하지 않는 원인을 우리가 아직 육에 속한 그리스도인의 자리에서 벗어나지 못했기 때문이라고 보앉습니다. 그리고 이것을 그리스도인들이 가진 죄 때문이라고 했습니다. 그는 이 책에서 기도하지 않는 죄에서 벗어나는 방법을 실제적인 예화를 들어 구체적으로 제시해 주고 있습니다.

이 책은 크게 3부로 이루어져 있습니다. 1부에서는 기도하지 않는 원인과 죄를 드러내고, 그 죄와 맞서 싸워 지속적인 승리의 삶을 살아갈 수 있는 방법을 가르쳐 줍니다. 2부에서는 골방 기도의 중요성과 함께 개인 기도 생활을 꾸준히 유지하는 방법으로 사도 바울과 조지 뮬러, 허드슨 테일러, 그리고 예수 그리스도의 기도 생활을 모범으로 보여줍니다. 또한 기도할 때 삼위일체 하나님이 어떻게 역사하시는지와 기도에 임하는 자세를 말해줍니다. 3부에서는 오순절의 깊은 비밀인 성령이 그리스도와 십자가의 의미를 다시 깨닫게 해주셨다는 사실을 가르쳐 줍니다. 그리고 우리로 하여금 기도를 통해 하나님과 교제하게 하시는 분이 성령이라는 사실을 분명하게 설명해 줍니다.

기독교 고전 작가인 앤드류 머레이의 이 책을 통해 독자들이 기도의 절대적인 우선성과 필요성을 깊이 깨닫고, 여기서 제시한 방법들을 적용해 지속적인 기도 생활로 하나님이 약속하신 풍성한 생명과 승리의 삶을 누리기를 바랍니다.

초판 1쇄 발행 2010년 4월 20일
지은이 앤드류 머레이
옮긴이 서하나
발행인 방주석
편집책임 설규식
영업책임 곽기태

발행처 베드로서원
등록번호 제59호(2010. 1. 18) / 창립일(1988.6.3)
주소 경기도 용인시 수지구 상현동 현대성우3차@ 285-1604
(서울 사무소) 서울 서대문구 충정로 2가 157 사조빌딩 213호
전화 02) 333-7316
팩스 02) 333-7317
웹사이트 www.peterhouse.co.kr
e.mail peterhouse@paran.com

베드로서원은 기독교문화 창달을 위해 좋은 책 만들기에 힘쓰고 있습니다.

ISBN : 978-89-7419-279-2 03230
파본 및 잘못된 책은 바꾸어 드립니다.